Paca, tatu, cutia!

Glossário Ilustrado de TUPI

Editora Melhoramentos

Benedito, Mouzar
   Paca, Tatu, Cutia! – glossário ilustrado de Tupi / Mouzar Benedito e ilustração de Ohi.   São Paulo: Editora Melhoramentos, 2014.

   ISBN 978-85-06-07483-1

   1. Vocábulos de origem Tupi. 2. Dialetos indígenas.
   I. Silva, Mouzar Benedito da. II. Ohi, José Luiz Nogueira. III. Título.

14/063   CDD 498.69

Índices para catálogo sistemático:
1. Vocábulos de origem Tupi   498.69
2. Dialetos indígenas - Brasil   498.69

Obra revisada conforme o Acordo Ortográfico da Língua Portuguesa

© 2014 Mouzar Benedito
© 2014 iustrações de Ohi

Diagramação: Tadeu Araujo - Hortelã Design

Direitos de publicação:
© 2014 Editora Melhoramentos Ltda.

1.ª edição, agosto de 2014
ISBN: 978-85-06-07483-1

Atendimento ao consumidor:
Caixa Postal 11541 – CEP: 05049-970
São Paulo – SP – Brasil
Tel.: (11) 3874-0880
www.editoramelhoramentos.com.br
sac@melhoramentos.com.br

Impresso no Brasil

Paca, tatu, cutia!

Glossário Ilustrado de TUPI

Sumário

Apresentação: um pouco de história 8

Explicação necessária 10

Vocabulário de A a Z

Letra **A** 14

Letra **B** 20

Letra **C** 26

Letra **D** - Não existem palavras iniciadas com esta letra na língua Tupi

Letra **E** 42

Letra **F** - Não existem palavras iniciadas com esta letra na língua Tupi

Letra **G** 44

Letra **H** 50

Letra **I** 51

Letra **J** 59

Letra **K** - Não existem palavras iniciadas com esta letra na língua Tupi

Letra **L** 68

Letra **M** 69

Letra **N**	79
Letra **O**	81
Letra **P**	83
Letra **Q**	94
Letra **R**	96
Letra **S**	98
Letra **T**	104
Letra **U**	115
Letra **V**	118
Letra **W** - Não existem palavras iniciadas com esta letra na língua Tupi	
Letra **X**	120
Letra **Y** - Nas palavras de origem tupi transpostas para o português, o Y torna-se I ou U.	
Letra **Z** - Não existem palavras iniciadas com esta letra na língua Tupi	
Biografia Mouzar Benedito	123
Biografia Ohi	125
Bibliografia	127

Apresentação
Um pouco de história

uando os portugueses chegaram ao Brasil, viram que em quase todo o litoral se falavam línguas muito parecidas, como variações de uma mesma língua principal, uma língua brasílica, que não tinha escrita, era só oral. Os povos indígenas a chamavam de *abanhéem* ou *avanhém* (*abá* ou *avá* significa homem, somente indígena, não branco; *nheeng* é língua, falar), o que pode ser traduzido como língua do homem, língua indígena.

Os povos Tupinambá, Temiminó, Potiguara, Caeté, Carijó, Guarani[1] e muitos outros tinham algumas variações nas línguas, mas se entendiam entre si.

Os jesuítas unificaram esses dialetos e criaram uma escrita para facilitar a catequese. Para isso, usaram a gramática da língua portuguesa e, basicamente, o vocabulário dos Tupinambá do Maranhão e do Pará, no norte do país; e lá essa língua passou a ser conhecida como nheengatu (língua boa ou falar bem, em tupi). No Sudeste, a base foi outra, pois o Padre Anchieta, estudioso da língua que depois passaria a ser chamada de tupi, aprendeu a falar o idioma indígena com os Goitacá de São Paulo. Então, no Centro-Sul do Brasil, área de influência de São Paulo, essa criação dos jesuítas ficou conhecida como língua geral paulista.

---

1. De acordo com a Associação Brasileira de Antropologia (ABA), os nomes indígenas devem ser escritos "com inicial maiúscula, sendo facultativo o uso dela quando tomados como adjetivos, e [...] não terão flexão de gênero e de número [...]". *Em Revista de Antropologia,* v. 2, n. 2 (São Paulo, 1954), p. 150-152.

As diferenças entre o nheengatu e a língua geral paulista eram pequenas, e muitos estudiosos referem-se a ambas como nheengatu. Claro que, nos dois casos, foram acrescentadas também palavras das línguas portuguesa e espanhola, pois muitos animais e objetos, por exemplo, não existiam aqui antes da chegada dos europeus e, portanto, não havia palavras que os identificassem.

Em São Paulo e nas áreas de sua influência, quase não se falava português. A língua geral paulista, ou nheengatu, era falada até mesmo pelos descendentes de portugueses e espanhóis, já que, como vinham para o Brasil quase somente homens europeus, eles se casavam com mulheres indígenas.

Em 1758, depois que o exército de Portugal e o da Espanha se uniram para combater os Guarani, que eram apoiados pelos jesuítas, nos chamados Sete Povos de Missões, no Rio Grande do Sul, o Marquês de Pombal, principal figura do reinado de Dom José, expulsou os jesuítas do Brasil e proibiu o uso do nheengatu. Todos os documentos tiveram, então, que ser escritos em português, assim como o ensino em todas as escolas. Desse modo, o povo passou gradualmente a falar português no atual estado de São Paulo e adjacências. Na Amazônia, na Guerra dos Cabanos (1832-1835), morreram muitos dos falantes do nheengatu, o que facilitou a imposição do português.

Quando se fala da sobrevivência do tupi--guarani/nheengatu, lembra-se logo dos topônimos, quer dizer, nomes geográficos de cidades, povoados, regiões, rios etc. (Pindamonhangaba, Bauru, Tapajós, Paraná, Tietê, Paraíba, Paranapiacaba, Pernambuco),

de nomes da fauna (jacaré, tatu, paca, capivara), da flora (peroba, ipê, maracujá, caju, caatinga) e até de nomes de pessoas (Jandira, Jurema, Moacir, Moema). Há ainda muitos vocábulos de uso corrente que são de origem tupi. Exemplos: pipoca, tapera, voçoroca, pamonha, minhoca, pereba, mingau, capim, capixaba, carioca, potiguar, maloca, maracatu, micuim, quirera, mocotó, tocaia, taquara.

Os estudos mais conservadores estimam em dez mil os vocábulos de origem tupi no português falado no Brasil. Neste livro, procuramos levantar o máximo de palavras do cotidiano, além de alguns nomes de bairros, serras e estados.

Muito importante, especialmente para as crianças e para a escola, este livro também é do interesse de adultos. Pretendemos, com ele, valorizar a cultura e a linguagem brasileiras, incluindo o imaginário dos povos que aqui viveram e vivem.

Explicação necessária

As línguas do tronco tupi-guarani não têm as pronúncias D, F, L nem Z, e o R só tem a pronúncia do R do meio das palavras de língua portuguesa, como cara, beira, pura. Portanto, não existe o R de rapa, raposa, reta. Mesmo quando aparece no início das palavras, o R tem uma pronúncia mais suave. Curiosamente, embora a letra D não exista nessas línguas, há a pronúncia ND, como em mandacaru, Pindorama, mandi, mandioca, amendoim.

Entretanto, se têm consoantes a menos, essas línguas apresentam uma vogal a mais, que, em português, seria uma espécie de intermediária entre o I e o U. Para o brasileiro, é difícil pronunciá-la, é como abrir a boca para falar I, mas pronunciar U. Os jesuítas usaram o Y na grafia dessa vogal. Em português, às vezes essa vogal pegou a pronúncia I e às vezes U.

Primeira palavra **Última palavra**

Facilidade na busca

Veja ao lado como é fácil usar o esquema de apresentação das páginas

Em cada página, além da numeração também há na margem superior uma tarja que informa a **primeira e a última palavra de cada página**

Outra curiosidade é o sufixo *tyba*, que tem o sentido de coletivo, de muitos. Por exemplo: Itatiba (pedreira), Curitiba (pinheiral), Itaituba (lugar com muitos pedregulhos) e Ubatuba (muitas canoas).

A imposição da língua portuguesa aos brasileiros em boa parte do Brasil, principalmente na área de domínio paulista, resultou num português com sotaque nheengatu, o que deu origem ao que se pode chamar de dialeto caipira, falado até hoje. Exemplos desse dialeto são a pronúncia do infinitivo dos verbos sem o R final, o plural falado como singular (*dois pão, quatro primo*); a transformação de LH em I (como em *trabaio* e *muié*) e a pronúncia dos verbos no infinitivo sem o R final (*fazê, brincá, falá*).

Vale lembrar que, como em outras línguas, a mesma palavra do nheengatu pode ter sentidos diferentes. Por exemplo, *guaçu*, na maioria das vezes, tem o significado de grande, como em Iguaçu (rio grande), mas Guaçuí, nome de uma cidade capixaba, significa rio do veado, pois *guaçu* também quer dizer veado, o que gera traduções controversas. Neste livro, às vezes optamos por uma das traduções. Por exemplo: em Paranaíba, *paraná* é rio, como *pará* em Paraitinga. Mas Y – adaptada para I ou U, significando água – aparece também com o sentido de rio, como em Iguaçu.

E vale lembrar que o nheengatu é ainda hoje uma língua viva na Amazônia. O município de São Gabriel da Cachoeira (AM) foi pioneiro, em 2002, na oficialização de línguas indígenas. Lá, tornaram-se oficiais, além do português, o nheengatu, o tucano e o baníua. Ao longo do tempo, o nheengatu falado na Amazônia incorporou palavras de outras línguas, diferenciando-se razoavelmente do tupi antigo.

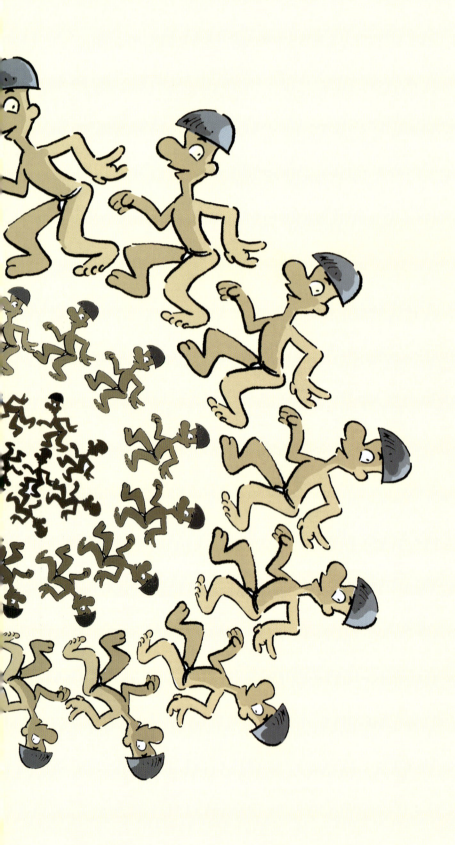

Vocabulário
De A a Z

Aa

ABÁ – Homem. Muitos povos de língua tupi só usavam esta palavra em referência a si próprios. Homem branco é *caraíba*, mas os europeus também eram chamados de *mair* (franceses, loiros) e *peró* (portugueses). Muitos portugueses se chamavam Pero (a exemplo de Pero Vaz de Caminha). Como os indígenas tinham um lado brincalhão, diferenciavam os portugueses dos outros europeus chamando-os de *peró*.

ABACAXI – Fruto (*ybá*) cheiroso (*caxy*). Considerado uma das frutas mais saborosas do mundo, o abacaxi, também chamado de ananás, é originário do Brasil e do Paraguai. Muitos dizem que ele é o "rei das frutas" por causa da sua coroa.

ABAETÉ – Homem de verdade. *Eté* ou *etê* (de verdade, legítimo). Na Bahia, existe a Lagoa do Abaeté. Nome de uma cidade mineira. No Pará, há uma cidade chamada Abaetetuba, palavra que significa muitos homens de verdade.

ABAPORU – Aquele que come gente, antropófago (*poru* é come, comer). Curiosidade: um dos quadros mais conhecidos da pintora modernista Tarsila do Amaral é *Abaporu*, que ela pintou para dar de presente ao seu marido, Oswald de Andrade.

ABIU (ou **abio**) – Fruta de polpa amarela e doce. Há duas versões para o significado de *abiu*: fruta-catarro ou pele mole.

AÇAÍ – Fruto que chora (porque solta água) ou fruta ácida. Fruta que dá um suco cremoso (feito de "vinho de açaí"). Antes alimento quase exclusivo dos paraenses, esse suco vem sendo apreciado por mais e mais pessoas, até mesmo fora do Brasil. O fruto do açaí, de que se extrai o suco, é um tipo de "coquinho" que nasce em cachos e fica roxo quando maduro. A palmeira do açaí também dá um palmito muito gostoso.

ACARÁ – Cascudo ou escamoso. Espécie de peixe também conhecida como cascudo ou acari. No Ceará existe uma cidade chamada Acaraú, que pode significar comedouro dos acarás ou acará-preto.

ACAUÃ – Espécie de gavião. *Acá* é valente, briguento; *uã* é o som que essa ave emite. Nome de uma cidade no sul do Piauí.

AÇU – Grande. Pode também significar papagaio. Aparece na formação de muitas palavras. Muitas vezes tem a grafia *assu*, como o nome de uma cidade do Rio Grande do Norte. O mesmo que *guaçu*.

AGUAPÉ – Redondo (*aguá*) e chato (*pé-ba*). Planta flutuante também conhecida como lírio-d'água, espécie nativa do Brasil. As raízes do aguapé se alimentam de sujeira. Quanto mais poluída a água, mais alimentos ela oferece para o aguapé. Por causa dessa característica, a planta é usada no tratamento de águas poluídas. E pode ser utilizada como alimento de animais. A Nasa (agência espacial norte-americana) chegou a considerar o aguapé uma solução para alimentar os astronautas com proteínas e outros nutrientes. Mas a atividade "despoluidora" da planta pode gerar um problema: com sua grande capacidade de reprodução em águas poluídas, o aguapé chegou a dificultar a navegação de rios como o Mississippi (nos Estados Unidos) e o Congo (na África). No Brasil, existem vários rios com o nome de Aguapeí, que significa aguapé pequeno ou rio do aguapé.

AIMBERÊ – Aquele que se contorce, que se vira, lagartixa. Um dos grandes líderes da Guerra dos Tamoios chamava-se Aimberê e era inimigo dos portugueses.

AIMORÉ – Povo indígena da nação Jê. Segundo alguns (inclusive o Padre Anchieta), vem de *guaimur-é* (povo diferente). Outros dizem que deriva de *ãi* (dente) e *mboré* (que tem). Nesse caso seria mordedor ou dentudo, talvez por causa de um macaco chamado aimoré. Como usavam botoques presos ao lábio inferior, os povos da nação Aimoré ficaram conhecidos como botocudos (outros povos indígenas também usavam botoques e eram chamados de botocudos). Há quem diga que aimoré vem de *emburé*, como era chamado esse botoque. Em Minas Gerais, há uma cidade chamada Aimorés.

AIPIM – Fruto seco ou raiz enxuta. Um dos nomes da mandioca, mandioca-mansa, macaxeira. Ver *macaxeira*, *mandioca*.

AIURUOCA – Casa (oca) do papagaio chamado *aiuru* em tupi. Nome de uma cidade mineira.

AJURICABA – Colmeia. *Ajuri* é reunião, ajuntamento; *caba* é abelha. Ajuricaba, da nação Manaú, foi um dos maiores heróis indígenas do Amazonas, liderando vários povos contra a ocupação portuguesa. Há quem diga que, quando era levado acorrentado em uma canoa, pulou na água, preferindo morrer a ser preso. Outros acreditam que ele foi jogado na água pelos homens brancos.

AMAMBAI – Serra chuvosa é um dos significados dessa palavra, que nomeia uma serra, um rio e uma cidade em Mato Grosso do Sul.

AMAPÁ – Palavra de origem galibi, língua da região do Caribe, incorporada ao nheengatu. Espécie de árvore que produz látex com propriedades medicinais.

AMENDOIM – Fruto originário do Brasil e do Paraguai que se desenvolve e amadurece debaixo da terra, por isso supõe-se que seu nome tenha o sentido de fruto (*ybá*) enterrado (*tibi*). Mas há estudiosos que dizem vir de *mandobi*, ou *manda-obi* (rolo pontiagudo). Além de gostoso quando torrado ou cozido, no pé de moleque ou em broas, e de produzir um óleo muito forte, o amendoim é um alimento presente em muitos pratos chineses.

NOS PRATOS CHINESES

No século XVI, o amendoim foi levado para a China pelos portugueses e passou a fazer parte de vários pratos típicos daquele país. O presidente Mao Tsé-Tung, líder da Revolução Chinesa de 1949, fez um discurso agradecendo ao Brasil por ter mandado o amendoim para lá. Atualmente, é mais fácil encontrar óleo de amendoim no exterior do que no Brasil.

ANANÁS – Ver *abacaxi*.

ANAPU – Ruído forte ou grave. Nome de uma cidade no Pará.

ANDARAÍ – Fonte do morcego ou rio do morcego. Nome de uma cidade baiana e de um bairro na cidade do Rio de Janeiro.

ANDIRÁ – O que causa espanto ou pavor. Espécie de morcego. Nome de uma cidade paranaense e de um rio do Amazonas.

ANDIROBA – Árvore da Amazônia de cujas sementes se extrai um óleo (*nhandi*) amargo (*roba*, *woba*), de propriedades medicinais, incluindo o tratamento de infecções na garganta.

ANDREQUICÉ – Faca de morcego. Espécie de gramínea. Povoado do norte de Minas Gerais que ficou famoso por estar no roteiro de tropas citado nos livros de Guimarães Rosa.

ANGA (ou **angá**) – Alma, espírito. Em São Paulo existe uma cidade chamada Angatuba. Tuba (de *tyba*) é usado com o sentido de coletivo. Então, Angatuba significa almas.

ANHANGA (ou **anhangá**) – Fantasma, visagem. Na mitologia tupi, é o protetor dos animais de grande porte (como a anta e o veado). Ele persegue e maltrata quem mata os animais só por prazer. Às vezes aparece sob a forma de um grande veado fantasmagórico, de cor branca ou vermelha, ou se mostra semelhante a outros animais, como a anta.

ANHANG + UERA + ABAÚ

Os colonizadores brancos mudaram o sentido da palavra anhanga para diabo, mas, na cultura tupi, não existe a figura do diabo, do mal absoluto. Com esse conceito introduzido pelo cristianismo, o bandeirante Bartolomeu Bueno da Silva ficou mais conhecido como Anhanguera (diabo velho). Ele ganhou esse apelido porque, para forçar indígenas do atual estado de Goiás a lhe indicar onde havia ouro, punha um pouco de cachaça numa vasilha e colocava fogo, dizendo que aquilo que queimava era água. Se não lhe mostrassem onde havia ouro, ele queimaria o rio e deixaria os indígenas sem água. Como não conheciam cachaça, os indígenas acreditavam nessa história.

Em São Paulo há o Rio Anhangabaú, que foi canalizado. Onde eram suas margens foi construída uma larga avenida, conhecida como Vale do Anhangabaú. A palavra anhangabaú significa rio dos malefícios do diabo, mas há autores que atribuem ao termo o significado de bebedouro do veado ou rio das árvores do veado.

ANHEMBI – Rio das perdizes. Era um dos nomes do Rio Tietê. Nome de uma cidade paulista e de um parque de convenções na cidade de São Paulo.

ANU – Vulto preto. Espécie de pássaro de cor preta que se alimenta de carrapatos. É comum anus no lombo de bois em pastos que têm carrapatos.

APÉ (ou **pé**) – Caminho. Aparece em palavras como Tatuapé (nome de um bairro em São Paulo), que significa caminho de tatu, e igarapé (como são chamados os rios pequenos na Amazônia) é caminho de canoa.

APICUM (ou **apecum**) – Língua de terra. Denominação de regiões à beira-mar que ficam cobertas de água durante a maré alta e secas durante a maré baixa.

APODI – Algo firme, altaneiro. Nome de uma chapada entre os estados do Ceará e do Rio Grande do Norte.

APUCARANA – Assento que se estende em círculos. Nome de uma serra e de uma cidade no Paraná.

ARA – Dia. Pode também significar papagaio ou arara. Termo que compõe o nome de vários rios e cidades brasileiras. Por exemplo: Araçuaí (MG) é rio da arara, mas alguns autores dizem que o seu significado correto é rabo de arara. Araguari (MG) é rio da baixada dos papagaios. Araquari (SC) é rio do refúgio dos papagaios. Arapoema (TO) é armadilha de arara. Aracaju (SE) é cajueiro dos papagaios. E Araruama (RJ) é bebedouro das araras.

ARAÇÁ – Fruto com olhos. Fruta parecida com uma pequena goiaba. Araçatuba, nome de uma cidade paulista, quer dizer araçazal.

ARACATI – Vento com mau cheiro, maresia. É o vento que vem do mar. Nome de uma cidade no Ceará que fica pertinho do mar e da foz do Rio Jaguaribe.

ARACI – Aurora, mãe do dia. De *ara* (dia) e *cy* (mãe). Então, se uma menina se chamar Araci e outra Aurora, elas serão xarás, não é?

ARAÇOIABA – Esconderijo do sol. Termo usado para designar montes isolados que protegem do sol. Na região de Sorocaba (SP), há um conjunto de morros chamado Araçoiaba, e uma cidade dessa região tem o nome de Araçoiaba da Serra.

ARAGUAIA – Há várias interpretações para essa palavra, que dá nome a um dos rios mais bonitos do mundo. Uma delas é tempo de pegar caranguejo, e outra é papagaios mansos. Como nome do rio, o mais provável é rio das araras mansas. Nome de um tipo de capim. Denominação de um povo indígena. Espécie de periquito.

ARAPIRACA – Árvore de casca amarga. Nome de uma cidade em Alagoas.

ARAPONGA – Ave sonante. Pássaro também conhecido como ferreiro, porque seu canto lembra o som de um martelo batendo numa bigorna. No Paraguai, ele é chamado de *pájaro campana* (pássaro-sino), porque acreditam que seu canto se assemelha ao som das batidas de um sino. Por causa do personagem de uma novela brasileira, um espião conhecido como Araponga, a palavra passou a ter também o significado de espião, principalmente se for um espião meio atrapalhado. Nome de uma cidade do Paraná.

ARAPUÁ (ou **arapuã**) – Colmeia redonda. Abelha silvestre que produz um mel muito saboroso. As abelhas silvestres brasileiras não têm ferrão, mas se enroscam no cabelo das pessoas. Por isso, arapuã quer dizer também cabelo enroscado.

ARAPUCA (ou **urupuca**) – Armadilha para pássaros. Usada para capturar pequenos pássaros, é uma armação feita de bambu ou madeira, na forma de pirâmide. A palavra passou a ser usada também em referência a qualquer tipo de enganação, principalmente em negócios. Quando a pessoa é enganada, diz que caiu numa arapuca. Em algumas regiões, essa armadilha é conhecida como urupuca, cesto (*uru*) que cai (*puca*).

ARAQUÉM – Ave que dorme. No romance *Iracema*, de José de Alencar, é o nome do pai da personagem principal. Acredita-se que esse nome não existia como nome próprio, tendo sido inventado pelo escritor.

ARARIBOIA – Pode ter vários significados. Um deles é cobra-arara. Espécie de cobra-verde. Um cacique chamado Arariboia, da nação Temiminó, ajudou Mem de Sá e Estácio de Sá a expulsar os franceses do Rio de Janeiro. Os Temiminó habitavam o estado do Rio de Janeiro e, depois, foram para o Espírito Santo. Eles se aliaram aos portugueses na Guerra dos Tamoios. Há quem diga que Arariboia, o nome do cacique, tenha o sentido de cobra feroz.

ARARIPE – Sobre o mundo. Nome de uma grande e bela chapada no Nordeste, entre os estados de Pernambuco, Piauí e Ceará.

ARATACA – Armadilha que cai com o peso. Usada para caças de pequeno porte.

ARATICUM – Fruto que cai mole ou comida de arara. Fruto da família das anonáceas, muito cheiroso e de polpa cremosa. Em algumas regiões de Minas Gerais, é chamado de marolo. Em parte da Bahia, é conhecido como cabeça-de-negro. Dependendo da região, o araticum também é chamado de ata, pinha ou fruta-do-conde.

ARATU – Queda do alto. Espécie de caranguejo que sobe nas árvores do mangue e pula do alto quando ouve qualquer barulhinho. Nome de um centro industrial da Bahia.

ARAXÁ – Vista do mundo, panorama. Nome de uma cidade mineira famosa pela lama medicinal.

AREMBEPE – À margem da povoação. Povoado à beira-mar localizado ao norte de Salvador (BA) que ficou famoso, nas décadas de 1960 e 1970, por abrigar uma grande comunidade hippie.

ARIRANHA – Animal mamífero e carnívoro muito comum na Amazônia. Por viver na água e ser muito brava, a ariranha é conhecida também como onça-d'água. O mesmo que *irara*.

ARUANÃ – Aparentado com sapo. Espécie de tartaruga-verde encontrada em rios, cuja cabeça se parece com a de um sapo. Ritual do povo Carajá da Ilha do Bananal (TO) realizado em noites de lua cheia. Nome de uma cidade goiana.

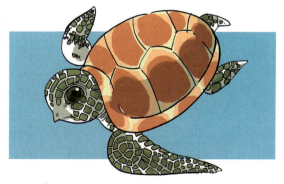

ARUJÁ – Muitos guarus, muitos lambaris. Guaru é uma espécie de peixe, também conhecido como barrigudinho. Arujá também pode significar lamacento, em referência ao rio que tinha essa característica, localizado na região da cidade de Arujá (SP).

ASSARÉ – Passagem diferente, atalho. Nome de uma cidade na região do Cariri (CE), onde nasceu Patativa do Assaré, um dos maiores poetas populares e compositores do Nordeste no século XX.

ATIBAIA – Seu significado tem várias interpretações. Uma delas, mais provável, é que seja lugar saudável (*baia*) em que existem muitos pássaros chamados alma-de-gato (*atim*). Nome de uma cidade paulista de clima muito agradável.

AVAÍ – Rio do homem. Homem pequeno, homenzinho. Nome de uma cidade paulista. Nome de um time de futebol do estado de Santa Catarina.

AVARÉ – Homem diferente. Era assim que os Tupi chamavam os Jesuítas. Eles estranhavam muito o fato de os padres não namorarem, por exemplo. Nome de uma cidade paulista.

AXIXÁ – Áspero. Nome de uma cidade no Maranhão.

BABACA – Aquilo que se mexe. Também tem função de verbo: mexer-se, revirar-se.

BABAÇU – Fruto grande. Não pelo tamanho do fruto mesmo, mas do cacho. Espécie de palmeira que dá cachos grandes, com mais de mil coquinhos. As sementes de seus frutos são comestíveis e fornecem um óleo usado na alimentação e também como combustível.

BABAU – Fim. Em geral, usado como verbo. Nunca aconteceu de você querer alguma coisa e alguém fazer uma expressão irônica dizendo: "Babau"? Termo usado com o sentido de "já era", "se foi", "era uma vez".

BACABA (ou **macaba**) – Fruta oleosa, gordurosa. Espécie de palmeira da Amazônia que produz um fruto oleoso. O fruto e a semente são comestíveis.

BACUPARI – Fruto rugoso. É uma planta pouco conhecida hoje em dia. Árvore de madeira muito valorizada que produz uma resina de uso medicinal.

BACURAU – Malicioso, maldizente. Espécie de ave noturna que voa baixo, tem um pio triste e fama de dar azar, também conhecida como curiango (palavra de origem africana). Em algumas regiões, esse termo é usado para designar quem só sai de casa à noite.

BACURI – Que dá frutos depressa. Espécie de palmeira e seu fruto, do qual se faz doce e refresco. Sua semente é comestível, com sabor que lembra o da amêndoa. O termo também significa menino pequeno, do sexo masculino. Provavelmente, esse sentido vem da adaptação da palavra bacorinho, que não tem origem tupi. Bácoro é uma palavra de origem árabe que significa porco novo. Assim, bacorinho é bácoro pequeno.

BAEPENDI – Clareira. Nome de uma cidade mineira originária de uma povoação fundada por Fernão Dias na sua incursão à procura de esmeraldas pela região onde hoje é Minas Gerais. Os bandeirantes iam criando povoados pelo caminho, para o cultivo de alimentos, já que as bandeiras duravam anos e eles precisavam se alimentar. Para isso, abriam clareiras ou aproveitavam as já existentes na mata.

BAGÉ – Alteração de pajé, significa feiticeiro. Nome de uma cidade gaúcha. Originalmente, seria Ibagé, que quer dizer "rio do pajé". Segundo dizem, esse nome se deve a um pajé solitário do povo Charrua que vivia nas margens daquele rio. Esse pajé teria se juntado ao líder guarani Sepé Tiaraju na guerra contra portugueses e espanhóis.

BAGUAL (ou **baguá**) – Potro não amansado. Antes da chegada dos europeus ao Brasil, não havia cavalos no país, portanto não havia potros. Mas o termo já existia com outro sentido: vem do guarani e significa mortal. Talvez os potros sejam chamados de bagual por serem difíceis de montar. Alguns autores dizem que o vocábulo vem de *bacuá*, que em guarani significa velocidade.

BAIACU – Algo venenoso ou quente. Espécie de peixe marinho e de água doce que infla o corpo quando se sente ameaçado ou fora da água, também conhecido como sapo-do-mar. Sua carne pode ser venenosa.

BAITACA (**maitaca** ou **maritaca**) – Falante, tagarela. Espécie de papagaio.

BARAÚNA – Árvore preta. Espécie de árvore de madeira preta, também chamada de braúna, que é o nome de uma cidade paulista.

BARIGUI – Mosquitinho. O mesmo que birigui, que é o nome de uma cidade paulista. Nome de um belo parque de Curitiba (PR).

BARIRI (ou **barueri**) – Corredeira, lugar onde as águas encontram obstáculos e espumam. Bariri e Barueri são nomes de cidades paulistas.

BARTIRA – Flor. Quando os jesuítas chegaram a São Paulo, já havia aqui um português, João Ramalho, vivendo entre os Guaianá. Ele era casado com Bartira, filha do cacique Tibiriçá. Bartira foi batizada e passou a se chamar Isabel Dias. O mesmo que potira.

BATURITÉ – Montanha verdadeira. Nome de uma serra no Ceará onde habitava uma nação indígena também chamada de Baturité. Nome de uma cidade cearense.

BAURU – Cesto de frutas. De *ybá* (fruta) e *uru* (cesto). Nome de uma cidade paulista.

BAURU VIROU NOME DE SANDUÍCHE

Nos anos 1930, um estudante da Faculdade de Direito da Universidade de São Paulo, também conhecida como Faculdade do Largo São Francisco, tinha o apelido de Bauru, nome de sua cidade natal. Assim como outros estudantes, ele frequentava o bar paulistano chamado Ponto Chic, onde sempre comia um sanduíche criado por ele. Os outros estudantes começaram a imitá-lo pedindo "sanduíche igual ao do Bauru". Assim nasceu o sanduíche que não tem a ver com o bauru atual, uma simplificação daquele criado pelo estudante. O sanduíche original era feito no pão francês com rosbife, queijo derretido na água, picles de pepino, rodelas de tomate e orégano.

BEBERIBE – Aquilo que vai e vem. Nome e um rio no Recife (PE) que deságua no Oceano Atlântico e acompanha o movimento das marés: sobe na maré alta e desce na maré baixa.

BEIJU (ou **biju**) – Contraído, enrolado, enroscado. Nome de um bolo de tapioca. Floco de farinha de milho ou mandioca também é chamado de beiju.

BERTIOGA – Nome de uma cidade do litoral paulista. Há várias interpretações sobre o significado de Bertioga. Uma delas é que se origina de *buriqui oca*, que quer dizer casa do buriqui. Buriqui (o que balança), ou muriqui, é uma espécie de macaco, conhecido também como mono-carvoeiro, porque tem a palma da mão preta, como se tivesse pegado carvão.

BETIM – Fumo, tabaco. Nome de uma cidade mineira.

BIBI – O que vai e vem, balanço, balançar. Em São Paulo, existe um bairro chamado Itaim Bibi, mas nesse caso Bibi não tem esse significado. Segundo contam, Itaim (que significa pedrinha) era o nome de uma fazenda, e seu proprietário tinha o apelido de Bibi.

BIBOCA – Buraco na terra geralmente provocado por enxurrada. A palavra acabou assumindo o sentido de lugar esquisito, perigoso.

BIGUÁ – Pé redondo ou pé com penugens. Espécie de ave. Biguaçu, nome de uma cidade catarinense, quer dizer biguá grande.

BIRIBA – Madeira para embira ou pouca madeira. Assimilada pelo português, biriba ganhou vários significados, e até virou nome de um jogo de cartas. Nome de um personagem do bumba meu boi. O termo tem vários significados: porrete, caipira, desconfiado, tropeiro que tocava mulas. No caso dos tropeiros, sua relação com os indígenas não deve ter sido muito boa, pois é possível que a palavra seja uma alteração de *mira* (gente) e *aíba* (ruim).

BIRIGUI – Mosquitinho. O mesmo que barigui. Nome de uma cidade paulista.

BOBOCA – De *mby-boc*, terra aberta, terra rachada, boca-aberta. Muita gente acredita que esse termo, com o significado de tolo ou ingênuo, vem do português. Mas pode ser de origem tupi. Quem não ouviu dizer que fulano é um "boca-aberta" quando não sabe guardar um segredo? Os povos de língua tupi também tinham expressões como essa.

BOCAIUVA – Árvore de fruto gordo. Espécie de palmeira também conhecida como mucajá, macaúba ou coco-de-catarro. Nome de uma cidade no norte de Minas Gerais.

BOCÓ – Tipo de bolsa, alforje. Termo também usado como verbo (segurar, guardar). Talvez porque o caipira usasse essa bolsa para carregar canivete, fumo de corda, palha e outras coisas, bocó passou a significar também roceiro, mas com um tom preconceituoso, de palerma, bobão. É confundida com mocó (esconderijo), que também é uma espécie animal (ver *mocó*). Usada de forma pejorativa para falar de roceiro, a palavra bocoió (mistura de bocó com coió) significa roceiro, o que vem da roça. Ver *coió*.

BOIPEBA (ou **boipeva**) – Cobra achatada. Espécie de cobra de até 2 metros de comprimento, escura, com desenhos amarelos e cabeça chata, conhecida também como capitão-do-mato e cobra-chata. Nome de uma ilha na Bahia.

BOITATÁ – De *mboy* (cobra) e *tatá* (fogo), cobra de fogo. Há quem diga que venha de *mbai* (coisa) e *tatá* (fogo). Protetor dos campos, conhecido também como Baitatá, Batatal, Batatão, Biatatá, Batata ou Fogo Corredor. Mito da Região Sul, também aparece em várias partes no Brasil. No Nordeste, é conhecido como Batatão.

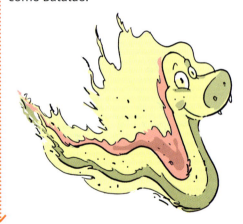

CORRENDO ATRÁS DOS INCENDIÁRIOS

O Boitatá parece mesmo uma cobra de fogo ou um tronco em brasa, que corre atrás de quem incendeia os campos, pega o sujeito e o queima. O curioso é que essa cobra de fogo mora dentro dos rios. Se você não é um incendiário, destruidor da vegetação, não precisa ter medo dela. Se encontrar o Boitatá, em vez de correr, a dica para não ser pego é ficar parado, de olhos fechados, até ele ir embora.

BORACEIA (ou **baraceia**) – Gente a cantar e dançar, reunião festiva. Boraceia é o nome de uma praia no litoral paulista. Baraceia é um povoado na região de Taubaté (SP).

BORBOREMA – Sem moradores, sem aldeias. Nome de uma chapada na Paraíba e de uma cidade em São Paulo. Como pode haver uma cidade "sem moradores"? Pergunte aos moradores de Borborema.

BOTUCATU – Bons ventos, bons ares. De *ybytu* (vento) e *catu* (bom). Você já pensou que o nome dessa cidade paulista poderia ser traduzido para o espanhol como Buenos Aires?

BREJAÚVA (ou **brejaúba**) – Árvore de madeira dura. Espécie de palmeira muito dura que os povos indígenas usavam para fazer arcos e flechas. As folhas servem para fazer chapéus, vassouras e outros objetos. Essa planta também é conhecida como airi, palavra que significa fruto que tem água e também cacho.

BUBUIA – De *mbe-mbuya* (o que é leve). Por isso algumas pessoas falam "ficar de bubuia" ou "nadar de bubuia" com o sentido de boiar.

BURITI – Árvore que solta líquido. Espécie de palmeira muito alta e oleaginosa que produz frutos (coquinhos) e fibra. Nome de muitos rios e córregos, tornou-se também um sobrenome no Nordeste. Buritirama significa região dos buritis, pátria dos buritis, e é o nome de duas cidades brasileiras, uma na Bahia e outra no Maranhão.

BUTIÁ – Árvore alta ou dente encurvado, por causa do formato de seu pecíolo (a parte que liga a folha ao tronco). Espécie de palmeira, muito comum no Sul do Brasil, no Paraguai e na Argentina, que produz coquinhos alaranjados comestíveis, usados no preparo de geleias e outras iguarias. As fibras das folhas são usadas para fabricar esteiras, cestos e chapéus. Em Santa Catarina, é comum colocar os coquinhos para curtir na cachaça, o que confere à bebida um sabor especial.

BUTANTÃ – Terra muito dura. De *Yby* (terra), *tã* (dura) e *tantã* (muito dura, duríssima). Nome de um bairro paulistano.

LUGAR CHEIO DE COBRAS

O médico mineiro Vital Brazil inventou o soro antiofídico (contra o veneno de cobra) e fundou em São Paulo o Instituto Butantan, instalado na Fazenda Butantan, hoje bairro do Butantã. Além de ter se destacado pela produção desse soro e de muitos outros remédios, o instituto, por ser muito famoso, também tem contribuído para que a palavra butantã adquira diferentes usos. Por exemplo: quando um lugar é cheio de "cobras" (craques) em determinado assunto, dizem que ele é "um verdadeiro Butantã". Tem quem brinque (e quem acredite!) dizendo que Butantã vem de "boi tantã", que teria o sentido de boi maluco.

BUTUCA (ou **mutuca**) – Furo, picada. Também usado como verbo (furar, picar). Espécie de mosquito. A mutuca (derivação de *mbutuca*) incomoda tanto que existe o ditado "Mutuca é que tira boi do mato", equivalente a "Tamanho não é documento", pois esse mosquito vence os bois que entram em sua área. Em algumas regiões, quando alguém quer dizer que está espreitando, diz que está "de butuca".

CAA – Mato, planta. Prefixo dos nomes de muitas plantas e cidades brasileiras. Por exemplo: Caaporã (PB) é mato bonito; Caarapó (MT) é raiz da planta ou raiz do mato. Algumas vezes, *ca* é utilizado no mesmo sentido de *caa*, como em Cabreúva, que significa árvore do caburé, árvore da coruja ou árvore do cafuzo, é o nome de uma árvore e de uma cidade paulista; Caçu (GO) é mata grande; Catanduva (SP) é mato ruim; Catunda (CE) é mato queimado.

CAATINGA – *Caa* (mata), *tinga* (branca). Vegetação de boa parte do sertão nordestino, comum na região do semiárido, onde chove pouco. Na época da seca, a vegetação fica esbranquiçada. Não confundir com *catinga*, que significa mau cheiro e vem do guarani *catim*. Segundo alguns pesquisadores,

o termo *catinga* pode ser de origem africana, da língua banto.

Caboclo | Caipira

CABOCLO (ou **caboco**) – O que faz roça, morador do mato. Termo que designa mestiço de branco com indígena, mas também usado com o sentido de "valente, forte, decidido". No início da colonização, *caboclo* era o indígena que tinha contato com os brancos. Em algumas regiões, o descendente de branco com indígena era chamado de *cariboca* ou *curiboca*, que significa "originário de branco". O mesmo que *cariboca*, *curiboca*.

CABURÉ – Caipira, morador do mato. Sinônimo de cafuzo, mestiço de negro e indígena. Nome de uma espécie de coruja muito comum no Brasil.

CACA – Cocô, titica. Sinônimo de sujeira, qualquer coisa suja. Mais usada como sinônimo de cocô de passarinho. Titica não é de origem tupi.

CAÇUÁ – Cesto para transporte, ou trama de paus e cipós. Tipo de cesto sem tampa (também chamado *jacá*) e rede de pesca de malhas largas. Nome de uma vespa. *Caba* (vespa), *açu* (grande). Neste caso, *ca(ba)-açu-á*. São muitos os nomes de vespas com o prefixo *caba*. Por exemplo: cabatê (vespa verdadeira); cabaxi (vespa lustrosa); cabatatu (vespa-tatu, cujo ninho parece casco de tatu); cabatapiú (vespa de picada muito dolorosa, cuja colmeia tem a forma de um ninho de formiga; tapiú é uma espécie de formiga que provoca coceira em contato com a pele); cabaúna (vespa preta); cabatã (vespa-cabocla).

CAÇUNUNGA – Ruidosa, zumbidora. Mulher de gênio ruim, pessoa que não se manca e vive incomodando os outros. Nome de uma espécie de vespa muito temida por causa de sua picada dolorosa.

CAETÉ – Mata de verdade, mata virgem. Tipo de vegetação rasteira, comum em Goiás e Tocantins. Nome de uma cidade mineira. O mesmo que *caetité*, *catete*.

CAETITÉ – Mato de verdade. Na Bahia, a cidade de Caetité antes se chamava Caitaté, que significa pedra que se destaca na mata, penedo. O mesmo que *caeté*, *catete*.

CAIAPÓ – Os que fazem queimadas. Povo indígena que, no passado, era chamado de "os coroados". Designação do envoltório de palha usado para proteger garrafões. Dança folclórica típica de Pernambuco, também conhecida como caboclinhos, em que os grupos se caracterizam como indígenas e representam cenas de caça e combate utilizando a preaca, um tipo de arco e flecha de madeira. Folguedo típico de algumas regiões de Minas Gerais, em que grupos usam vestes de palha, pintam o rosto de azul e caminham dançando ao som de batuque de inspiração indígena.

CAIÇACA – Veneno que queima. Espécie de cobra muito venenosa e perigosa, também conhecida como jararaquinha ou bocuda.

CAIÇARA – Cerca de ramos. Cerca de estacas colocada em torno da aldeia para protegê--la de inimigos ou animais. Nome de um tipo de armadilha para peixes, feita de ramos de árvores colocados dentro da água. Com uma cultura próxima da caipira, mas vivendo especialmente da pesca, a população do litoral paulista passou a ser chamada de *caiçara*. Em alguns livros, o vocábulo caiçara aparece com sentido de incendiário, o que queima. *Kai* é queimar. *Kaitara*, queimador.

CAIPIRA – Morador do mato (*caá-pir*). Envergonhado, tímido (*cai-pira*). O mesmo que *caburé*, *caipora*, *capiau*, *catimbô*.

VIVA A CULTURA CAIPIRA

Você acha que os caipiras são bobos, gente que não sabe de nada? Pois está muito enganado. O caipira tem uma cultura muito forte, e sua fala "errada" é uma variante do nosso idioma. Observando a natureza, o caipira sabe se vai chover ou gear; ele conhece as ervas medicinais e sabe como usá-las; tem uma culinária saborosa e cada vez mais valorizada. Sua música, a legítima música caipira, e seu principal instrumento musical, a viola caipira, também têm um reconhecimento cada vez maior. Outra característica do caipira é transmitir seus conhecimentos por meio da contação de causos. E vai aí, então, um causo caipira publicado originalmente no livro *Santa Rita Velha Safada*, de Mouzar Benedito, em que se revelam a timidez, a sutileza de comportamento e o recato do povo caipira.

SUTILEZA MINEIRA

Zé Pescocinho viajou o dia inteiro a cavalo, até chegar, no início da noite, à casa do compadre Bastião Pito. Chegou com fome, e, pra piorar, o compadre e sua família já tinham jantado, e o Bastião não percebeu sua fome. Ele dava umas indiretas, mas tinha vergonha de pedir que lhe preparassem uma comida. Começaram a contar causos, e, a certa altura, o Bastião Pito estava com muito sono, dava indiretas de que estava na hora de dormir, porque ele levantava de madrugada para tirar leite das vacas.

E o Zé Pescocinho fingia não entender, também dava indiretas sobre sua fome. Ficou mais um tempo assim, um querendo dormir, outro querendo comer. A certa altura, o Bastião Pito não aguentou:

– Cumpádi, ocê qué lavá os pé pra dormi?

O Zé Pescocinho respondeu rápido:

– Quero, sim, cumpádi. Mas... Será que não fais mar lavá os pé de barriga vazia?

São Paulo: Editora Busca Vida, 1987.

CAIPORA – Morador do mato. Personagem muito importante da mitologia tupi, protetor dos animais da floresta. Ver *caburé*, *caipira*.

AMIGO DOS ANIMAIS DA FLORESTA

Mito de origem tupi, Caipora era o protetor dos pequenos animais da floresta, enquanto Anhanga protegia os grandes. Mas o Caipora tornou-se mais conhecido, sendo considerado protetor de todos os animais, grandes ou pequenos. Em algumas regiões, é confundido com o Curupira. Em outras, principalmente no Nordeste, não é "o" Caipora, mas "a" Caipora. Pequeno, forte e peludo, o Caipora anda montado num cateto (caititu ou porco-do-mato) e toca todo o bando de catetos para um lugar protegido dos caçadores. Quando um animal é morto sem necessidade por caçadores, basta o cateto montado por Caipora – geralmente o maior animal do bando – encostar o focinho nele para que ele ressuscite. O Caipora castiga o caçador que mata fêmeas grávidas ou amamentando ou que mata os filhotes ou aves que estão chocando ou criando filhotes. Muitos acreditam que ver o Caipora dá azar, porque dizem que ele só aparece para os caçadores que não respeitam a natureza. Por isso, existe a expressão "caiporismo" como sinônimo de azar.

CAIRU – O que segue ou acompanha no mato, guia. *Caa* (mato), *iru* (companheiro).

CAITITU – Dente pontiagudo. Animal conhecido também como cateto ou porco-do-mato. Parecido com um javali, mas de porte menor, é semelhante à queixada, mas também menor que ela. É um animal feroz que anda em bando. O ditado "Caititu sozinho é comida de onça" quer dizer: um fraco é fácil de ser pego e derrotado, mas, quando eles se juntam, é possível enfrentar os fortes.

CAJÁ – Fruta cheia de caroço, também chamada de taperebá. Em São Paulo, há uma cidade chamada Cajati, que significa cajá branco. Ver *taperebá*.

CAJARANA – Parecida com o cajá. Fruta também conhecida como cajá-manga.

CAJU – Pescoçudo; fruto amarelo. Fruta brasileira de castanha saborosa em formato de pescoço. É interessante saber que o verdadeiro fruto do caju é a castanha. O que a gente chama de caju é seu talo. No Ceará, foi inventada a cajuína, um refresco feito de suco de caju. Apesar de originalmente cearense, a cajuína foi declarada patrimônio imaterial de Teresina, capital do Piauí.

CAJURU – Boca da mata ou entrada da mata. Nome de uma cidade paulista.

CAMACÃ – Tem dois significados diferentes: galho (*acã*) de árvore (*caá*), ou cabeça (*aca*, forma reduzida de *acanga*) de negro (*cambá*). Povo indígena da Bahia e de Minas Gerais. Nome de uma cidade baiana.

CAMAÇARI – Planta que lacrimeja ou leite de peito. Árvore que, quando ferida, solta um líquido leitoso. Nome de uma cidade baiana.

CAMANDUCAIA – Queimada para caçar. Às vezes alguns indígenas ateavam fogo num pedaço de mato para forçar as caças a saírem. Nome de uma cidade mineira.

CAMAQUÃ – Bico do peito; colina pontiaguda. Nome de uma cidade no Rio Grande do Sul.

CAMARÁ (ou **cambará**) – Planta (*caá*) de muitas cores (*mbará*). Arbusto forrageiro com flores amarelas, laranja e vermelhas, conhecido também como cambará, nome de uma cidade paranaense e de muitos povoados brasileiros. Camaragibe (no rio dos camarás) é o nome de uma cidade pernambucana.

CAMBAXIRRA – Peito que chilra, que emite um som melodioso. Pode significar também andorinha preta. Espécie de pássaro de pequeno porte, conhecido também como corruíra ou garrincha.

ALEGRIA NO FUTEBOL

Garrincha, um dos nomes da cambaxirra, não é tupi. Apelido de um dos maiores craques do futebol brasileiro de todos os tempos, Manuel Francisco dos Santos, que tinha as pernas tortas como as desse passarinho e, por isso, era chamado de Mané Garrincha, ou simplesmente Garrincha. Nascido em Pau Grande (RJ), era descendente do povo Fulniô (que não é tupi, é Macro-Jê) por parte de seu pai, vindo de Alagoas. Talvez por isso era ingênuo e jogava futebol com alegria. Foi ponta-direita no Botafogo, time carioca. Jogou na seleção brasileira em 1958, 1962 e 1966. Em 1962, foi considerado o melhor jogador da Copa, realizada no Chile.

CAMBÉ – Cabeça chata. Na língua caigangue, significa veado. Nome de uma cidade paranaense.

CAMBORIÚ – Rio dos robalos. Espécie de peixe também chamada de cambori ou camuri. Nome de uma cidade do litoral catarinense.

CAMBUCÁ – Planta agradável. Árvore assim chamada por causa da sua beleza e pelo fruto que ela dá. Pena que quase não se encontra mais um cambucá!

CAMBUCI (ou **camocim**) – Panela ou fruta de duas partes. A fruta se parece com uma pequena panela de barro. Nome de um bairro em São Paulo em que, infelizmente, não se encontra mais cambuci, fruta muito utilizada para fazer geleias e compotas e também para colocar na cachaça. A pinga com cambuci era um aperitivo típico da São Paulo do século XIX. Existe também uma pimenta chamada cambuci, com formato semelhante ao da fruta.

CAMBUÍ – Folha que cai. Pequena árvore frutífera da família das mirtáceas (como a jabuticabeira, a goiabeira, a pitangueira e muitas outras). Nome de uma cidade mineira.

CAMBUQUIRA – Broto de abóbora presente na culinária caipira, servido geralmente como acompanhamento para carne assada. Nome de uma cidade mineira conhecida como estância hidromineral.

CAMETÁ – Armação no mato, choupana suspensa numa árvore, usada como esconderijo para esperar a caça. Nome de uma cidade no Pará.

CAMINHOÁ – Peitinho redondo, roliço.

CANDIRU – *Car* (ferir, agredir, picar) e *ndiru* (tumultuar, rumorejar). Que rasga com força, fazendo barulho. Espécie de peixe muito temida na Amazônia. Por serem muito miudinhos, os candirus são capazes de parasitar as brânquias de outros peixes e penetrar em orifícios naturais de animais e humanos, podendo causar ferimentos graves e até a morte.

CANGAÍBA – Tem dois significados: mato (*caá*) minguado, ralo (*angaíba*) ou cabeça (*acanga*) ruim (*aíba*), no sentido de louco. Nome de bairro nas cidades de Cariacica (ES) e São Paulo (SP).

CANGAMBÁ – Cabeça oca ou bobo. Espécie de mamífero carnívoro, comum do Brasil até o México, com cerca de 40 centímetros de comprimento, que se alimenta de larvas, insetos, vermes e pequenos vertebrados, como cobras. Como mecanismo de defesa, produz um líquido malcheiroso. Em algumas regiões, é conhecido como maritataca ou jaritataca.

CANGUÇU – Cabeça grande; onça. Nome de uma cidade gaúcha. Ver *jaguar*.

CANHAMBORA (ou **canhembora**) – De *canhema* (fugir) e *pora* (hábito do indivíduo): o que costuma fugir, fugitivo. Em fazendas do interior de Minas Gerais, Rio de Janeiro e São Paulo, denominação de um ser folclórico que assusta as pessoas. Dizem que ele é muito bravo. Também pudera! Ele é a transformação de um escravizado que fugiu e foi muito perseguido.

CANINANA – Briga em pé, alerta. Espécie de serpente não venenosa que dizem ser muito brava. Há também um arbusto e um cipó com esse nome. Pessoas muito encrenqueiras, de mau gênio, também são chamadas de caninana.

CANINDÉ – Gritaria. Espécie de arara-azul e amarela. Talvez a arara-canindé seja chamada assim por gritar muito. Nome de uma cidade do Ceará, de vários povoados brasileiros e de um bairro de São Paulo, onde fica o estádio de futebol da Associação Portuguesa de Desportos.

CANJICA – Grão cozido. Invenção indígena, essa comida saborosa é feita de milho, também conhecida como munguzá.

CAPANEMA – Mato ruim. Termo usado como sobrenome, inclusive de um célebre ministro da Educação do governo Getúlio Vargas, que se chamava Gustavo Capanema.

CAPÃO – De *caa-páu* (ilha de mato). Quando a gente vê uma área com vegetação baixa e uma "ilha" de mata no meio, dizemos que é um capão ou "capão de mato". O termo também é usado num sentido que não tem nada a ver com o tupi, para designar animal castrado. Por exemplo: frango capão.

CAPARAÓ – Trecho da Serra da Mantiqueira, entre Minas Gerais e Espírito Santo. Segundo alguns, caparaó seria uma derivação de *capara-oca*, que significa casa feita de capara (um tipo de arbusto de tronco torto). Outros lhe dão o significado de trincheira de paus tortos (*caá-apara-ó*).

CAPENGA – Manco, coxo. Vem de *acanga* (osso) e *penga* (quebrado, partido). De capenga, veio o verbo capengar ou capenguear, mancar. Quando algo não está muito firme, o caipira diz que aquilo está capengando ou meio capenga.

CAPETINGA – Capim branco ou erva branca. Nome de uma cidade de Minas Gerais.

CAPIAU – Comedor de semente de capim. Palavra usada de maneira preconceituosa como sinônimo de caipira. Ver *caipira*.

CAPIBARIBE (ou **Capiberibe**) – Rio das capivaras. Rio pernambucano que se junta ao Rio Beberibe, no Recife, pouco antes de desaguar no mar. Os recifenses brincam para mostrar grandeza: "O Capibaribe e o Beberibe se juntam no Recife para formar o Oceano Atlântico".

CAPIM – De *caá* (mato, folha) e *pii* (estreito). Eis aí uma palavra tupi que quase todo mundo acredita ser de origem portuguesa. Em Portugal, usam o termo relva. O verbo capinar deriva de capim.

CAPIVARA – Comedor de capim. Espécie de roedor semiaquático que se alimenta de capim, ervas e outros tipos de vegetação. Chega a pesar 80 quilos e é considerado o maior roedor do mundo.

CAPIXABA – Roçado, roça. Denominação de quem nasce ou mora no estado do Espírito Santo. Os indígenas ficavam impressionados com os brancos que chegavam à região que corresponde hoje ao Espírito Santo e não paravam de cortar mato para fazer roças.

CAPOEIRA – O que já foi mato; mato renascido. Quando se corta ou queima uma mata virgem e se abandona o terreno (mesmo que ele seja usado um tempo para a lavoura), pode nascer ali uma mata secundária, que é chamada de capoeira.

A CAPOEIRA COMO LUTA

Uma das versões sobre a capoeira é que ela era uma luta proibida pelos senhores de escravizados e era praticada em áreas distantes, nas capoeiras. A versão mais aceita sobre essa arte marcial é bem diferente, e não tem nada a ver com a língua tupi. Muitos escravizados eram encarregados de vender frangos para seus senhores e levavam essas aves (chamadas capões) em gaiolas denominadas capoeiras. Quando dois deles se encontravam e decidiam praticar sua luta, colocavam as capoeiras no chão. Por isso passaram a ser chamados de "os capoeiras".

CARÁ – Alteração de carã, que significa redondo. Espécie de planta trepadeira que produz um tubérculo comestível parecido com o inhame, também conhecido como inhame-da-china.

CARACARAÍ – Rio do gavião. Nome de uma cidade em Roraima, a segunda mais antiga do estado. Interessante é que, na região, não se falava tupi, mas o nheengatu chegou a se espalhar por boa parte da Amazônia.

CARACU – Tutano. No Sul, o termo é usado também com o sentido de grande resistência, coragem. Existe uma raça bovina chamada caracu, mas são contraditórias as informações sobre por que ela recebeu esse nome. Dizem que esse gado, de pelo curto e liso, teria surgido no Ceará, onde existe um rio e uma região chamados Acaraú. Caracu, no caso, seria uma corruptela de Acaraú, que significa rio dos acarás.

CARAGUATÁ – Talo armado de espinhos ou erva de ponta dura. No litoral paulista, há uma cidade chamada Caraguatatuba, que quer dizer local com muitos caraguatás. Ver *gravatá*.

CARAÍBA – Vocábulo que vários povos indígenas usaram como sinônimo de homem branco. Os motivos para isso são contraditórios. Para uns, significaria forte, valente, sábio e até mesmo sagrado. Alguns consideram o prefixo *cará* como sinônimo de astuto, manhoso, pois era assim que muitos nativos viam os espanhóis (neste caso, não seria uma palavra originalmente tupi, apesar do sufixo *yba*, que significa ruim). Para outros, porém, a palavra viria de lacerar (*car*) e mau (*yba*), ou seja, o que fere, rasga, dilacera com maldade. Talvez o modo como os colonizadores se relacionavam com os indígenas justifique esse sentido para o termo. Várias espécies de árvores nativas do Brasil chamam-se caraíba.

CARAJÁ – Macaco grande, bugio, guariba. Alguns povos tupis chamavam os inimigos de carajás. Certamente alguma nação de língua tupi é que chamava assim os Carajá (da Ilha do Bananal, no estado de Tocantins), considerados inimigos. Ver *guariba*.

CARAMINGUÁ – Cesto redondo. Tipo de cesto em que se guardavam diversos pertences. Depois, no plural, caraminguás passou a ter o sentido de badulaques, coisas de pouco valor e também dinheiro miúdo.

CARAMURU – Há muitas versões sobre o significado desse termo. Há quem diga ser o estrangeiro que atrai o raio, por causa de sua arma. Segundo outros, é homem branco molhado (*caraí muru*). Ou ainda enguia. Apelido dado por indígenas da Bahia a um náufrago português, Diogo Álvares Correia, que, em 1510, chegou à praia e, segundo a lenda, deu um tiro num gavião para mostrar o poder de sua arma. Os indígenas não conheciam armas de fogo e ficaram impressionados. Ele acabou vivendo com os Tupinambá durante muitos anos, tendo se casado com Paraguaçu, filha do cacique. Teve também como companheira uma irmã de Paraguaçu chamada Moema. Quando apareceu a oportunidade de voltar para a Europa num navio francês, Caramuru levou Paraguaçu, mas deixou Moema, que, segundo a lenda, apaixonada por Caramuru, nadou atrás da caravela e morreu afogada. Mas Caramuru e Paraguaçu não se adaptaram à vida na França e voltaram à Bahia, onde ajudaram os colonizadores portugueses a fundar a cidade de Salvador. Ver *Moema*.

CARAPANÃ – O mesmo que pernilongo, muriçoca. Carapanã significa mosquito na língua galibi. O termo foi incorporado ao nheengatu (e ao português) na Região Norte do Brasil. Ver *muriçoca*.

CARAPAU – *Carapá* (redondo ou torto), *u* (abreviação de *una*, preto). Nada de pensar que tenha algo a ver com "cara de pau". Espécie de peixe também conhecida como chicharro e cavalinha.

CARAPINA – Rapar madeira. Palavra muito usada no interior do Brasil, designa a profissão de carpinteiro.

CARAXUÉ – Vem de *guirá* (pássaro, ave) e *xué* (chorão, vagaroso). Espécie de ave da Amazônia, também chamada sabiá. Não se sabe por que o termo passou a ser usado também para designar pessoas que cobram para intermediar encontros amorosos.

CARCARÁ – Arranha-arranha; o que pega com as garras. Espécie de gavião, também chamado de caracará. Termo usado em algumas regiões como sinônimo de pessoa ruim, malvada.

CARIACICA – Posta de peixe. Nome de uma cidade no Espírito Santo.

CARIBE – Grupo indígena que não tem nada a ver com o Tupi. Na língua aruaque (do grupo caribe) significa audaz, valente, mas é interpretado também como antropófago, inimigo. Existem povos de língua caribe no norte do Brasil e em países vizinhos. O mar que banha a Venezuela, a costa atlântica da Colômbia e os países da América Central é chamado de Mar do Caribe. O termo foi incorporado ao nheengatu e ao português.

CARIBÉ – Bolo doce e saboroso. Tipo de alimento feito de abacate, nome de um refresco feito de beiju de tapioca e também de um mingau. Um grande pintor "baiano nascido na Argentina" ficou conhecido pelo apelido de Carybé, mas não tem nada a ver com essa história de comida e refresco: quando ele era escoteiro, sua barraca se chamava Carybé. Ver *carimã*.

CARIBOCA (ou **curiboca**) – Descendente de branco, mestiço. Ver *caboclo*.

CARIJÓ – Descendente dos anciãos. Alguns dizem que tem o sentido de descendente de brancos, o que é improvável, pois os Carijó já existiam aqui antes da chegada dos europeus. Povo de língua tupi-guarani que habitava o Sul do Brasil. Os indígenas desse grupo se pintavam de branco. Talvez por isso chamamos de galinha carijó aquela com penas salpicadas de branco e preto. Os portugueses chamavam esse povo de "índios patos". Daí veio a denominação Lagoa dos Patos, a maior lagoa brasileira, localizada no Rio Grande do Sul.

FRANCESES COM SANGUE CARIJÓ

Em 1504, uma expedição francesa comandada por Binot Paulmier de Gonneville chegou à ilha onde hoje é a cidade de São Francisco do Sul (SC). A expedição foi bem recebida pelos Carijó, um povo pacífico. Quando voltou para a França, Binot levou consigo um filho do cacique Arosca, prometendo ensiná-lo a manusear as armas dos europeus e depois trazê-lo de volta. Mas a expedição não deu o lucro esperado e não o contrataram novamente para vir ao Brasil. Então Essomeric, esse rapaz carijó, não voltou para o Brasil. Acabou se casando com uma filha de Binot, com quem teve catorze filhos. Morreu na França, em 1583, aos 95 anos. Imagine quantos descendentes desse carijó existem hoje na França!

CARIMÃ – Farinha de mandioca fina ou polvilho. Um tipo de bolo feito de farinha de mandioca fermentada. Refresco feito de água, farinha e mel. Espécie de mingau feito de farinha de mandioca e açúcar. Ver *caribé*, *mingau*.

CARIOCA – Casa de branco. Há várias versões para o significado dessa palavra, que designa a pessoa que nasceu ou mora na cidade do Rio de Janeiro. Em 1503, portugueses instalaram uma feitoria na entrada da Baía de Guanabara, construindo uma casa diferente das malocas indígenas, por isso ela era chamada de carioca.

CARIRI (ou **quiririm**) – Silencioso. Os Tupi chamavam assim uma nação indígena do Nordeste (era um povo que não falava tupi), porque as pessoas eram muito quietas, silenciosas. Existe no sertão do Ceará um lugar que é um verdadeiro oásis, uma região serrana chamada Cariri. No estado de São Paulo há um povoado chamado Quiririm.

CARNAÚBA – Árvore escamosa. Espécie de palmeira muito valiosa, nativa do Nordeste brasileiro. Seu fruto, um "coquinho", tem polpa comestível; da sua amêndoa extrai-se óleo; a madeira é usada em construções; as raízes são medicinais (quando transformadas em cinza, substituem o sal de cozinha); das folhas, extrai-se uma cera que tem muitos usos.

UMA CERA MUITO VALIOSA

Muito antes dos minúsculos aparelhos de som de hoje, como tocadores de MP3, do CD, do LP e do toca-discos antigos, havia o fonógrafo, antigo aparelho que registrava e reproduzia sons. A gravação era feita numa espécie de tubo revestido de cera de carnaúba, extraída das folhas da carnaubeira. Logicamente, a cera não serve mais para os aparelhos de som atuais, mas ainda é muito valiosa, sendo usada na produção de vernizes, polidores, papéis-carbono e muitas outras coisas. Em algumas regiões do Nordeste, como no interior do Maranhão, há casas totalmente feitas de carnaubeiras: os troncos são utilizados na estrutura da casa, e as palhas, nas "paredes" e na cobertura. As folhas têm ainda outros usos, como a fabricação de bolsas, cestas e chapéus.

CAROBA – Mato amargo. Espécie de árvore da família do jacarandá, nativa do Brasil.

CARUARU – Fonte do comichão, fonte da coceira. Segundo dizem, onde hoje é a cidade de Caruaru (PE) havia uma fonte cuja água provocava comichão (*caruara*) no gado. O termo *caruara* designa também doença provocada por feitiço ou mau-olhado.

CARURU – Planta também conhecida como bredo. É comestível, mas os brasileiros perderam o hábito de comê-la e a consideram um matinho sem valor. Há vários significados para essa palavra, entre eles, planta comestível, boa para a panela e planta ensopada. Nome de um prato típico da culinária baiana, mas não tem nada a ver com o caruru tupi. O caruru baiano leva quiabo, camarão seco, peixes e muitos temperos, incluindo o dendê, sendo uma comida associada aos ritos do candomblé.

CATAPORA (ou **tatapora**) – Fogo que salta ou o que tem fogo dentro. O mesmo que varicela, doença provocada por um vírus que causa febre e erupções que coçam muito e parecem queimar a pele.

CATERETÊ (ou **catira**) – Bailado verdadeiro (de *catira-etê*) ou muito bom (*catu-r-etê*). Dança de origem indígena em que o ritmo é dado por palmas e pela batida dos pés no chão. Passou a ser dançada de botina, em assoalho de madeira, que dá mais sonoridade ao sapateado. É típica da zona rural de São Paulo e de algumas regiões de Minas Gerais e de Goiás, também conhecida como catira.

CATETE – Mato de verdade. Quando a capital brasileira era o Rio de Janeiro, o Palácio do Catete era a sede do governo. Nome de um bairro na cidade do Rio de Janeiro e de muitos povoados no Brasil. Ver *caeté*, *caetité*.

CATIMBÓ – Planta (*caá*) venenosa (*timbó*). Pode significar também planta que fede. Conforme a região, catimbó tem sentidos diferentes. Para alguns, é feitiçaria, para outros, uma dança do sertão e, para muitos ainda, é sinônimo de caipira. Ver *caburé*, *caipira*, *caipora*, *capiau*.

CATIRA – Ver *cateretê*.

CATU – Bom, bonito. Nome de uma cidade baiana e de vários rios, lagoas e córregos brasileiros.

CATUABA – Pode significar bondade, paz. O nome da planta que tem fama de revigorar o corpo provavelmente vem de *caa* (planta, mato, folha), *tuã* (vigoroso) e *iba* (árvore), que seria então árvore de folha vigorosa.

CATUÇABA – Bondade, perfeição. Nome de um distrito de São Luís do Paraitinga (SP).

CATUMBI – Beira da mata. Mas pode ser também vocábulo derivado de *catumbé* (jabuti) e *i* (rio). Nome de um bairro na cidade do Rio de Janeiro e de muitos rios brasileiros. Nome de uma dança e de um jogo de azar.

CATUPIRI – *Catu* é bom. *Catupiri* é excelente, ótimo. Uma fábrica de requeijão (tipo de queijo criado no Brasil) transformou a palavra em marca, e catupiri virou sinônimo de requeijão embalado em copo.

CAUBI (ou **caiubi**) – Folha (*caa*) azul (*obi*), anil ou folha verde. Um tipo de arbusto. Os indígenas não distinguiam o azul do verde, achavam que o azul era uma tonalidade do verde (os japoneses, antigamente, também consideravam o azul um tom de verde). Por isso, *obi* (ou *obim*) aparece às vezes com o sentido de verde, outras vezes como azul.

CAUCAIA – Queimada da mata. Nome de uma cidade no Ceará e de uma serra na região metropolitana de São Paulo.

CAUÊ – Conjunto de morros. Nome próprio.

CAUIM – Bebida, água de bêbado. Bebida alcoólica fermentada (como a cerveja e o vinho), muito apreciada pelos indígenas. Nas festas, bebe-se cauim. A bebida é feita de milho ou mandioca, mastigado pelas mulheres e cuspido num pote para fermentar.

CAVERÁ (ou **caaberá**) – Folha que brilha. Variedade de erva-mate nativa do Rio Grande do Sul.

CEARÁ – Há muitas interpretações para o significado desse termo. Uma delas foi dada pelo escritor José de Alencar, que era cearense. Segundo ele, ceará é o canto do papagaio.

CECY – Minha mãe. No romance *O Guarani*, de José de Alencar, é o termo com qual o indígena Peri se refere à sua musa, Cecília. Então, Cecy, ou Ceci, não é uma mera abreviação de Cecília, tem sentido próprio.

CHANCHÃ – Tagarela. Espécie de passarinho que pia ou canta sem parar. Em algumas regiões de Minas Gerais, por exemplo, quando uma criança demora muito para começar a falar, dão a ela a língua desse passarinho para comer. Por isso, dizem que quem fala muito "parece que comeu língua de chanchã".

CHAPECÓ – Passagem frequente ou caminho aberto. Nome de uma cidade do oeste catarinense, região originalmente habitada pelos Caingangue. Na língua deles, significa rio do salto verdadeiro.

CHI – Interjeição de espanto ou de pouco-caso.

CHIBÉ – Meu caldo, meu refresco. O mesmo que jacuba. Ver *xibé*.

CHICO – Somente nos países em que se falava tupi e guarani é que Francisco tem apelido de Chico. Nos países de língua espanhola (com exceção do Paraguai), Francisco é apelidado de Paco, e *chico* tem sentido de pequeno. Os falantes de língua do tronco tupi-guarani não conseguiam pronunciar Francisco.

CHIRIPÁ – Tipo de agasalho usado antigamente pelos camponeses do Rio Grande do Sul, da Argentina, do Uruguai e do Paraguai, que consistia num retângulo de pano, geralmente de lã, passado entre as pernas e amarrado na cintura. A palavra veio da língua quéchua, falada na região dos Andes, mas foi incorporada ao nheengatu e ao português. O termo é usado também como sinônimo de pala, poncho.

CHORÓ (**chororão**, ou **chororó**) – Ver *xororó*.

CHUÉ (ou **xué**) – De *xu'e* (vagaroso). Você já ouviu alguém falar que está "meio chué" quando se sente lerdo, vagaroso, sem ânimo? Pode significar também coisa de pouco valor. Espécie de caranguejo vagaroso. Espécie de tartaruga. Peixe também conhecido como mandi-chorão.

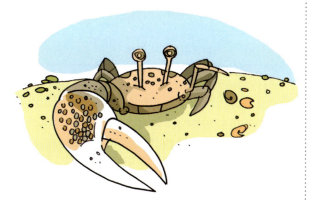

CHUÍ – Rio dos pintassilgos. Nome de uma cidade no extremo sul do Brasil, na fronteira com o Uruguai.

CIPÓ – Galho em forma de mão. Espécie de planta trepadeira, comum em matas tropicais, com ramas compridas e flexíveis que se "agarram" nas árvores. O cipó é usado como corda ou chicote. Em Goiás e no Tocantins, chamam de cipó o laço dos vaqueiros. Nome de uma cidade baiana, de muitos povoados e muitos rios brasileiros.

COARACI – Ver *guaraci*.

COARI – Buraquinho ou rio do buraco (rio que fica numa gruta). Nome de uma cidade amazonense.

COIÓ – O que vem da roça, roceiro (*co* é roça, em tupi). Quando alguém se refere a outra pessoa como coió é sempre de forma pejorativa. Há outro termo pejorativo, bocoió, formado pela junção de bocó e coió. Bocó também é uma espécie de peixe conhecido como peixe-voador.

COITÉ – Ver *cuietê*, *cuia*.

COIVARA – Mato jazente, mato deitado. Gravetos, galhos secos e ramagens de plantas que são queimados para limpar e adubar o terreno com as cinzas. Termo que também indica troncos de árvore que descem pelos rios.

COMANDATUBA – Feijoal. Nome de uma ilha no litoral baiano muito procurada por turistas. Nome de um povoado em Alagoas.

CONGONHA – Denominação de várias espécies de planta, inclusive da erva-mate, com que povos indígenas do Sul criaram o chimarrão, bebida até hoje muito apreciada no Sul do Brasil, no Uruguai e na Argentina. No Paraguai, há o costume de tomar a bebida fria, e ela é chamada de tererê.

OBRAS DE ALEIJADINHO

Em Minas Gerais, há uma cidade histórica chamada Congonhas do Campo, que tem muitas obras do escultor barroco Aleijadinho, inclusive os "Doze profetas", no adro em frente à igreja do Senhor Bom Jesus de Matosinhos. Concluído em 1815, todo o conjunto é considerado Patrimônio Cultural da Humanidade pela Organização das Nações Unidas para a Educação, a Ciência e a Cultura (Unesco).

COPAÍBA – Árvore de depósito ou árvore que tem jazida. Espécie de árvore comum na Amazônia, que produz um óleo medicinal.

COROCA – De *kuruca* (resmungar, sussurro, confusão). Velha, caduca, decrépita, pessoa rabugenta.

CORRUÍRA – Ave que surge. Há quem interprete o nome desse pequeno passarinho como sendo onomatopaico, quer dizer, parecido com o som que ele emite. Em algumas regiões, é conhecida como currila, cambaxirra e garrincha. Espécie de ave de pequeno porte, com no máximo 12 centímetros de comprimento, que faz um ninho bem grande, envolvido por gravetos, geralmente pendurado em galhos de árvore, tendo apenas uma entrada pequenininha. Por causa disso, quem tem cabelo encarapinhado e despenteado pode ser vítima de brincadeiras do tipo: "Seu cabelo parece ninho de currila". Ver *cambaxirra*.

CORUMBÁ – Banco de cascalho. Nome de uma cidade de Mato Grosso do Sul, à beira do Rio Paraguai, na região do Pantanal.

CORUMBIARA – Caminho de cascalho. Segundo alguns autores, teria outro sentido: *curu* é comer e *biara* (de *mbiara*) é pesca ou caça. *Biara* significa também presa de caça ou de guerra. Nome de uma cidade em Rondônia.

CORUPÁ – Roça, plantação. *Coru* é seixo, pedregulho, e *upá* (diminutivo de *upaba*) é lagoa. Então, seria lagoa do pedregulho. Nome de uma cidade catarinense.

CORURIPE – Rio dos pedregulhos. Nome de uma cidade alagoana.

COTEGIPE – Rio das cutias. Nome de uma cidade baiana.

CRICIÚMA – Vegetal ramoso. Espécie de taquara fina e flexível. Nome de uma cidade catarinense.

CUBATÃO – Terra de morros e picos. Nome de uma cidade paulista.

CUCUIA – Quando se diz que "algo ou alguém foi pra cucuia", significa que ele morreu ou desapareceu. Entre os indígenas não é esse o significado. O termo significa morro da cuia e é também o nome de um pássaro. Mas pode ser uma derivação de *cá* (quebrar, abrir) e *cuê* (cair, desprender-se): as folhas que caem ou o cair das folhas. Na Ilha do Governador, no Rio de Janeiro, há um cemitério chamado Cacuia, que é uma variante de cucuia, então "ir pra cacuia" é morrer. Ao longo do tempo, o termo ganhou novos significados, tornando-se sinônimo de fracasso. O termo é usado também como sinônimo de lugar distante.

CUIA – Vasilha feita de cabaça. O mesmo que *coité*, *cuietê*.

CUIABÁ – Fabricante de cuias; lugar das cuias; homem das farinhas. Neste último caso, seria de *cuí* (farinha) e *abá* (homem). Nome da capital de Mato Grosso.

CUÍCA – Cauda longa. Espécie de mamífero de hábitos noturnos da família dos marsupiais. Segundo alguns autores, o instrumento musical chamado cuíca ganhou esse nome porque seu som rouco se parece com a voz desse parente do gambá.

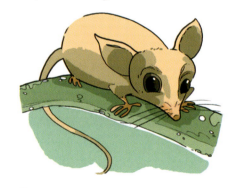

CUIETÊ (ou **cuité**) – Cuia verdadeira, vasilha de verdade. É uma variedade de cuia com a casca mais dura.

CUMARI – O que estimula o paladar. Espécie de pimenta de uso bastante popular, conhecida também como pimenta-malagueta, muito ardida!

CUMBUCA (ou **combuca**) – Cuia furada. Tipo de cabaça usada para armazenar água ou outros líquidos. É comum também seu uso como armadilha para pegar macacos. Coloca-se uma banana dentro de uma cumbuca presa a algum lugar, o macaco enfia a mão para pegá-la, mas a mão fechada em torno da banana é maior do que o buraco, e ele não consegue retirá-la. Macaco novo costuma ser teimoso e não larga a banana, então pode ser agarrado por quem fez a armadilha. Por isso, existe um ditado falando da esperteza de quem tem experiência: "Macaco velho não põe a mão em cumbuca". O mesmo que *coité*, *cuietê*, *cuia*.

CUNHÃ – Mulher. Menina é *cunhataí* ou *cunhataim*. Moça é *cunhantã*. Mulher bonita é *cunhã porã* ou *cunhanporanga*. Velha é *cunhanguera*. Cunhã significa também língua que corre, linguarudo.

CUNHAMBEBE – Língua que se move rasteira, fala baixa. Designa o homem de fala mansa. Nome do principal líder indígena que se opunha aos portugueses na Guerra dos Tamoios. Segundo cronistas da época, ele falava tão devagar que parecia estar raciocinando sobre o que falava, era "manhoso". Convencia todo mundo do que falava. Em alguns povos tupis, chamavam de cunhambebe a mulher gorda e baixa.

CUPIM – Formiga branca. Mas o significado da palavra pode ser também o que rói fino, rói miúdo.

CURAU – Creme de comer. Em algumas regiões, é o nome de uma comida feita em pilão com carne salgada e farinha de mandioca. Em outras, é um creme de milho ou canjica.

CURIBOCA (ou **caraiboca**) – Saído do branco, o mesmo que caboclo, mameluco. Designação de mestiços de branco com indígena ou de branco com caboclo.

CURIMBATÁ (ou **curimatá**) – Peixe fino, tenro. Mas pode significar também forte e resistente. Espécie de peixe conhecido como papa-terra. Dizem que ele tem um "fio" junto à espinha que tem gosto de terra. Para cozinhá-lo, tiram esse "fio" antes.

CURIÓ – Espécie de passarinho de canto bonito, também conhecido como papa-arroz, avinhado ou bico-de-furo. Por causa do seu canto muito bonito, o curió foi muito caçado e comercializado ilegalmente até quase ser extinto.

CURITIBA – Pinheiral. *Cury* (pinheiro, araucária), *tyba* (coletivo).

CURUÇÁ – Adaptação da palavra cruz, de origem portuguesa, que não existia em tupi. Como os indígenas não conseguiam pronunciá-la, cruz virou curuçá ou curaçá. Nome de uma cidade baiana, às margens do Rio São Francisco.

CURUMIM – Menino, criança do sexo masculino. Curumim quer dizer também migalha. Que danados! Então eles achavam que os meninos eram migalhas? Mas interessante que os indígenas sempre tratam bem as crianças, nunca batem nelas nem punem com castigos físicos.

CURUPIRA – Na mitologia tupi, ente protetor das matas e dos animais que moram nela. De porte pequeno, atarracado e forte, tem o corpo peludo, os cabelos vermelhos e os dentes verdes. Seus pés são virados para trás, o que engana os caçadores.

CURUPU – Barulho dobrado. *Curu* (dobra), *pu* (barulho). Pulsação de quem tem problemas cardíacos. Nome de uma ilha no Maranhão.

CURURIPE – No rio dos sapos. Coruripe é o nome de uma cidade alagoana.

CURURU – Roncador. Pode significar também rugoso. Espécie de sapo grande, sapo-cururu. No interior de São Paulo, designa um desafio musical entre dois cantadores, acompanhado por viola caipira. Ritual indígena com dança, canto e imitações do coaxar do sapo.

CUTIA (ou **cotia**) – O que come em pé. Espécie de animal mamífero roedor. A cutia segura o alimento com as patas dianteiras, apoiando-se somente nas patas traseiras daí o seu nome. Em algumas regiões, "passar uma cutia" é passar adiante um boato falso. Na região metropolitana de São Paulo, há uma cidade chamada Cotia.

PUNE QUEM MALTRATA A NATUREZA

Quem anda pelas florestas, principalmente na Amazônia, antes de tempestades pode escutar um barulho parecido com uma pancada na madeira. E é mesmo. O Curupira bate o pé com força nas árvores altas para verificar se alguma delas está podre e pode cair com a tempestade. Se estiver podre, ele avisa os animais para não ficarem embaixo daquela árvore. Morando no meio da mata, o Curupira – ou Currupira, como o chamam no Sul – fica de olho nas pessoas que devastam as matas ou que matam animais por prazer. Ele, então, esconde os animais e, imitando a voz humana, chama essas pessoas malvadas mato adentro para que elas fiquem perdidas. Então as confunde, gritando e assobiando nos seus ouvidos e, às vezes, dando uma surra nelas.

CUTUBA – Tem vários significados: valente, bonito, de boa aparência, bondoso, poderoso, o que desperta atenção. Termo pouco utilizado atualmente.

CUTUCAR – Tocar com os dedos, espetar. Quando queremos chamar a atenção de alguém que está distraído, "cutucamos" a pessoa.

CUXÁ – O que conserva azedo. Molho feito de gengibre, vários temperos e caruru-azedo (também conhecido como azedinha ou vinagreira). O arroz de cuxá é um prato típico do Maranhão e de algumas regiões da Amazônia.

CY – Mãe. Para muitos povos indígenas, tudo na natureza tem uma mãe. Então, a partícula *cy* aparece muito na composição de palavras. Jacy, por exemplo, é Lua, mas também significa mãe dos frutos, porque a Lua, na mitologia tupi, é criadora e protetora de todos os vegetais. Aracy ou Araci, nome próprio, é mãe do dia, aurora.

Ee

EÇÁ (**çaá**, **saá** ou **teçá**) – Olho. Aparece em várias palavras sem o *E* inicial. Então, vira *sa* nessas palavras. Por exemplo: Saci (*çaá-aci*) significa olho ruim, olho doente; saí (nome de uma ave) pode ser água dos olhos, lágrima ou também olho pequeno; sapiranga (olho vermelho) e sapiroca (olho esfolado) remetem à inflamação nos olhos. Sami, nome próprio, vem de *samim*, que quer dizer olhos inquietos, olhos que piscam.

EIRATIM – Abelha branca. Espécie de abelha também conhecida como *iratim* ou *irati*.

EIRUNEPÊ – Os filhos da barata. Palavra de origem culina (língua da família linguística arauá, grupo indígena, hoje considerado extinto, que habitava o sudoeste do estado do Amazonas), mas naquela região se falava bastante o nheengatu e pode ter sido adotada por esta língua. Nome de uma cidade do Amazonas.

EMBAÚ – Bica de água. Nome de muitos córregos brasileiros.

EMBIRA (ou **imbira**) – Pele da árvore, casca da árvore. Tipo de fibra usada como corda.

EMBOABA – Estrangeiro ou inimigo. Há quem traduza também como peludo, o que tem sentido, porque os indígenas não eram peludos como os povos brancos com quem tiveram os primeiros contatos.

GUERRA PELO OURO

Depois que os paulistas descobriram ouro em Minas Gerais e ocuparam a

> região, muita gente vinda de Portugal e de outras áreas do Brasil foi para lá. Começou a haver muita rivalidade especialmente entre os paulistas e os portugueses, que eram chamados de forma pejorativa de emboabas (no sentido de inimigos).
> A Guerra dos Emboabas (1707-1709) foi um violento conflito motivado pela disputa do minério, em que os estrangeiros venceram.

EMBU – Cobra. Vem de *mboy*, mas a pronúncia foi mudando até virar *embu*, palavra que deu nome a uma cidade próxima a São Paulo, hoje chamada de Embu das Artes, onde vários artistas moram e expõem seus trabalhos. Há ainda a cidade de Embu-Guaçu (SP), que quer dizer cobra grande.

EMIMINÓ (ou **Temiminó**) – O neto de varão. Nome de uma nação indígena de língua tupi que habitava o litoral da Região Sudeste, principalmente o Espírito Santo.

ETÁ – Muitos, bastantes. Aparece em muitas palavras, como Guaratinguetá (muitas garças brancas, nome de uma cidade paulista) e Paquetá (muitas pacas, nome de uma ilha na Baía de Guanabara, RJ).

ETAMA – Região, pátria. Aparece em diversas palavras, como Uruburetama (região dos urubus, nome de uma cidade cearense), algumas vezes com a terminação rama, como em Pindorama (terra das palmeiras, região das palmeiras, nome que os povos de língua tupi davam ao Brasil) e Iturama (região das cachoeiras, nome de uma cidade em Minas Gerais). O mesmo que *rama*.

ETÊ – De verdade, verdadeiro, legítimo, genuíno, pra valer. Por exemplo: Tietê (rio verdadeiro, genuíno). Aparece também como *té*, *reté* ou *eté*, como em Caeté (mato de verdade), Abaeté (homem de verdade), Taubaté (aldeia de verdade, cidade).

EXU – Varejeira (*enxu*). Abelha negra (*ei-xu*), espécie de vespa de cor preta com detalhes amarelos, que deu nome à cidade pernambucana onde nasceu Luiz Gonzaga, o "rei do baião". Os povos indígenas costumavam dar nomes de animais a estrelas e constelações, e Exu era o nome de uma constelação. Nas religiões afro-brasileiras há um orixá denominado Exu, que não tem relação com a língua tupi.

GABIROBA (**guabiroba** ou **guabirova**) – Comida amarga, fruto que trava a língua. Fruta típica do Brasil também chamada de goiabinha ou araçá-felpudo. Não confundir com guariroba, espécie de palmeira que produz um palmito amargo.

GABIRU (ou **guabiru**) – O que devora os alimentos. No Brasil não havia ratos antes da chegada dos europeus. No entanto, as embarcações vindas da Europa e da Ásia trouxeram esse bicho, o qual os indígenas denominaram gabiru. No Nordeste, pessoas subnutridas e de baixa estatura às vezes são apelidadas pejorativamente de gabiru.

GAMBÁ – Ventre oco. Esse pequeno animal conhecido por ter mau cheiro tem algo a ver com o canguru: é um marsupial, ou seja, tem uma bolsa na barriga para carregar os filhotes.

GAMBOA (ou **camboa**) – Folhagem, ramagem. Vem de *caá* (folhas, ramagem) e *mbó* (cinto), cinta feita de ramos. Tipo de cercado de varas finas enterradas e amarradas na entrada de um pequeno braço de rio ou de mar para pegar peixe. Quando o rio ou o mar sobe, os peixes entram na armadilha. Quando a água baixa, os peixes ficam cercados pela gamboa e não conseguem sair. Também podem ser feitos de pedra. Nome de várias localidades, inclusive de um bairro do Rio de Janeiro.

GARANHUNS – Pássaros pretos. Nome de uma cidade de Pernambuco famosa pelo frio, muito visitada no inverno e chamada pelos pernambucanos de "Suíça do Nordeste". Os brasileiros do Sul e do Sudeste pensam que é um friozinho de nada, mas chega a fazer frio de verdade.

GARAPA (ou **guarapa**) – Revolvida, mexida. Hoje conhecemos como garapa apenas o caldo de cana-de-açúcar, mas a palavra era usada para designar qualquer refresco feito de fruta.

GAROPABA – Lugar das canoas. Nome de uma cidade catarinense.

GARUVA – Árvore da canoa ou árvore da flecha. Espécie de árvore de madeira amarela. Nome de uma cidade em Santa Catarina e de uma serra no Paraná.

GAÚCHO – Antigamente, no Rio Grande do Sul, designava morador do campo que cuida de gado; descendente de povos indígenas miscigenados com portugueses ou espanhóis. Depois passou a designar todos os nascidos naquele estado. Há quem traduza do guarani como gente (*che*) do cantar triste (*gau*), mas na língua charrua, de um povo indígena do Sul, quer dizer guerreiro nômade. Outros acreditam ainda que vem do quéchua e significa pobre, indigente, órfão. No Uruguai e na Argentina, a palavra *gaucho* (pronunciada como se tivesse acento no gá) é usada em referência a moradores do campo que cuidam de gado.

GOIABA (ou **guaiaba**) – De *acoyaba*, agregado de sementes. Há quem acredite que não seja palavra de origem tupi, mas de línguas indígenas do Caribe. Espécie de fruta cheirosa e saborosa comum no Brasil e no Caribe. Na América Central (inclusive em Cuba), existe um tipo de camisa cheia de bolsos que se chama *guayabera*. Os bolsos seriam para carregar muitas goiabas. Mas há uma injustiça contra essa fruta: costuma-se chamar de goiaba a pessoa meio boba e muito chata. Muito bobo é goiabão.

GOIÁS – *Goyá* é indivíduo semelhante, parecido, da mesma raça. Denominação de um povo indígena que habitava o atual estado de Goiás. Goiatuba (GO) quer dizer muitos indivíduos do povo Goyá.

GOITACASES – Plural aportuguesado de *goitacá*, pessoa veloz. Pode também significar nômade. Campos dos Goytacazes, assim mesmo, com a grafia antiga, é nome de uma cidade no Rio de Janeiro.

GOROROBA – Árvore amarga. Alteração da pronúncia do nome do palmito amargo chamado guariroba, saboreado em vários pratos, como frango com guariroba. Quem acha ruim o gosto amargo é que deve ter começado a usar o termo no sentido que tem hoje, de comida malfeita. Em algumas regiões pode ter também o sentido de indivíduo molenga, covarde ou bêbado.

GRAJAÚ – Indivíduo (*guara*) comilão (*jaú*). Ou, segundo alguns autores, macaco (*carajá*) preto (*u*). Denominação de um povo indígena já extinto. Nome de uma cidade maranhense e de bairros do Rio de Janeiro e de São Paulo.

GRAÚNA – De *guirá* (pássaro) e *una* (preto). Espécie de ave de plumagem preta, também conhecida como melro.

GRAVATÁ – Espécie de planta ornamental da família das bromélias. Tem propriedades: o suco de seus frutos pode ser usado como expectorante, diurético e energético. Ver *caraguatá*.

GRAXAIM (**aguaraxaim** ou **guaraxaim**) – Espécie de cachorro-do-mato comum na região dos Pampas (RS).

GRUMIXAMA – Que gruda na língua. Espécie de fruta que tem uma goma pegajosa.

GRUPIARA – Jazida de cascalho. Tipo de depósito de cascalho acima do nível das águas dos rios ou barranco onde se busca diamante ou ouro.

GUAÇU – Grande, grosso. Mas pode significar também veado, derivando de *soó-açu* (caça grande). Existem muitas palavras, inclusive nomes de cidades, em que o termo tem o sentido de grande, como é o caso de Embu-Guaçu (SP), que significa cobra grande, e também outras em que guaçu é sinônimo de veado, como a cidade de Guaçuí (ES), que significa rio do veado. Suaçu, uma variante do termo, com significado de veado, é também proveniente de *soó-açu*. Suaçuí também significa rio do veado e compõe o nome de cidades mineiras, como Santa Maria do Suaçuí, São Brás do Suaçuí e São Pedro do Suaçuí.

GUAIAMUM (ou **guaiamu**) – Espécie de caranguejo grande, de cor preta ou azulada.

GUAICURU – Indivíduo rugoso, encaroçado ou sarnento. Denominação do povo indígena que originalmente habitava a região de Mato Grosso do Sul e de Goiás.

GRANDES GUERREIROS

Os Guaicuru foram valentes e grandes guerreiros. Cavalos trazidos pelos espanhóis para a região do Pantanal escaparam e foram capturados pelos Guaicuru, que se tornaram cavaleiros famosos. Nos filmes de faroeste, aparecem indígenas que montavam deitados de lado, dando a impressão de que eram manadas de cavalos sem cavaleiros. Só quando chegavam perto dos brancos invasores é que eles se levantavam já atirando flechas. No Brasil, os Guaicuru é que faziam isso. Conta-se que, durante a Guerra do Paraguai (1864-1870), parte do Exército brasileiro tinha que passar pelas terras dos Guaicuru, no atual Mato Grosso do Sul, para combater os paraguaios. Para conseguir atravessar a região, foi necessário que Dom Pedro II assinasse um acordo de paz com esse povo guerreiro.

GUAIRÁ – Onde não dá para passar, intransitável. Nome de uma cidade paranaense, próxima ao local onde antes havia o Salto das Sete Quedas, considerada uma das maravilhas do Brasil, a maior cachoeira do mundo em volume de água, que foi coberta pela represa da Usina Hidrelétrica de Itaipu.

GUAJAJARA – Senhor dos caranguejos. Nação indígena do Maranhão, os Guajajara tinham fama por sua habilidade para caçar caranguejo.

GUANABARA – Enseada, baía. Então, Baía de Guanabara significa "baía de baía", não é? Na passagem de palavras de uma língua para outra às vezes acontecem repetições como essa.

GUAPORÉ – Pode ter vários significados. Um deles é água que invade, enchente (*ygapó*) e diferente (*ré*). Outro significado é vale deserto, sem gente. Nome de um rio que banha os estados de Mato Grosso e de Rondônia. Nome de uma cidade no Rio Grande do Sul.

DE GUAPORÉ A RONDÔNIA

O atual estado de Rondônia foi um território chamado Guaporé (antigamente, unidade da federação administrada diretamente pelo governo federal, que não tinha governador eleito). Quando passou a estado, ganhou o nome Rondônia em homenagem ao Marechal Cândido Rondon, militar descendente de indígenas da nação Bororo, Terena e Guará, de Mato Grosso, que estendeu linhas de telégrafo por uma região enorme, onde o homem branco nunca tinha chegado. Rondon mudou a forma de tratar os povos indígenas, que eram vistos apenas como entraves à civilização e eram exterminados violentamente. Ele respeitou esses povos e criou o Serviço de Proteção ao Índio (SPI), que depois se tornou a Fundação Nacional do Índio (Funai). O lema de Rondon era: "Morrer se for preciso. Matar nunca".

GUARÁ – Comedor voraz. Mas pode também ser uma simples variação de *guirá*, que significa ave. Como sinônimo de garça, aparece na composição de muitas palavras e também dá nome ao lobo-guará, animal que não é considerado da mesma espécie dos lobos, é da família dos canídeos. Não anda em alcateias, é solitário e parece mais um cachorro tímido e desajeitado. Em risco de extinção, o lobo-guará vive em cerrados e campos. É o animal-símbolo da cidade de Brasília (DF).

GARÇAS POR TODO LADO

No Brasil, existem muitas cidades e muitos rios que levam guará no nome, sempre com o sentido de garça. Exemplos: nome de um rio e de uma represa em São Paulo (SP), Guarapiranga quer dizer garça-vermelha; Guarabira (PB) também é garça-vermelha; Guaraí (TO) é rio das garças; Guarapari (ES) é cercado de garças; Guarapuava (PR) é barulho de garças; Guaraqueçaba (PR) é ninho de garça; Guaratinguetá (SP) é muitas garças-brancas.

GUARACI – Sol. Na mitologia tupi, o Sol é criador e protetor de todos os animais. A palavra *guaraci* vem de *guara* (vivente) e *cy* (mãe), mãe dos viventes. Para esses povos indígenas, tudo na natureza tem uma mãe. O mesmo que *coaraci*.

GUARACIABA – Cabelo da cor do sol, louro. Era como alguns povos indígenas chamavam o beija-flor. Nome de uma cidade catarinense e de uma cidade mineira, e parte do nome de uma cidade cearense: Guaraciaba do Norte. Nome próprio. Imagine duas meninas: uma se chama Guaraciaba e outra se chama Laura. Sabia que o significado dos dois nomes é o mesmo?

GUARACIAMA – Sol com chuva, segundo alguns, e o nascer do sol, segundo outros. Nome próprio. Nome de uma cidade mineira.

GUARANÁ – Semelhante a gente. Espécie de planta nativa da floresta amazônica cujas sementes têm propriedades medicinais e são utilizadas na fabricação de bebidas. A semente do guaraná é parecida com o olho humano.

OLHOS MÁGICOS

O guaraná foi descoberto na região onde vive a nação Maué, no Amazonas. O município de Maués é o principal produtor de guaraná do Brasil, conhecido como cidade do guaraná. Uma das lendas sobre sua origem é de um casal jovem desse povo que era muito feliz, mas não conseguia ter filhos. Pediram a Tupã, e ele atendeu: nasceu um menino lindo e bom, que se tornou a alegria da tribo. Certo dia, um demônio mau e invejoso se transformou em cobra e picou o menino, que foi encontrado morto, deixando os pais desesperados. Tupã atendeu aos lamentos de todos e recomendou aos pajés que retirassem os olhos da criança e os plantassem como se fossem sementes para que se transformassem em uma planta que daria frutos muito saborosos, que fortaleceriam os jovens e revigorariam os velhos. Os pajés seguiram as instruções de Tupã, e no local cresceu uma planta que dava frutos parecidos com olhos humanos, pretos, envoltos por uma orla branca em cápsulas vermelhas.

GUARANI – Guerreiro. Nome de um povo "irmão" dos Tupi, habitantes originais do Sul do Brasil, do Paraguai e de parte da Argentina, do Uruguai e da Bolívia. A língua que chamamos guarani é denominada pelos seus próprios falantes de *avañe'ẽ*, que significa língua de gente, língua de indígenas. O idioma guarani ainda é falado em todo o Paraguai como uma segunda língua oficial, junto ao espanhol. Alguns povos desses países também falam guarani.

GUARANTÃ – Madeira dura. Espécie de árvore também conhecida como ubiratã e pau-duro. Nome de uma cidade paulista e parte de uma cidade mato-grossense, Guarantã do Norte.

GUARARAPES – Tambores, estrondos. Nos Montes dos Guararapes, em Jaboatão dos Guararapes (PE), os pernambucanos venceram os holandeses em duas batalhas decisivas, conhecidas como Batalhas dos Guararapes (1648-1649). Nome de uma cidade paulista.

GUARAREMA – Madeira fedida. Não tem nada a ver com *guará*. O prefixo *guara* (sem acento) significa árvore, madeira, e a terminação rema quer dizer mau cheiro. Pau-d'alho, espécie de árvore de até 40 metros, nativa do Brasil, que exala forte cheiro de alho. Nome de uma cidade paulista.

GUARIBA – Gente feia. Espécie de macaco também conhecido como bugio. Nome de uma cidade paulista.

GUARIROBA (ou **gueroba**) – Pau amargo, árvore amarga. Espécie de palmeira que produz um palmito amargo, muito apreciado principalmente em Goiás e algumas regiões de Minas Gerais, que faz parte de vários pratos (frango com gueroba, por exemplo), sendo um dos ingredientes do famoso empadão goiano. Nome de um distrito do município de Taquaritinga (SP). O mesmo que *gororoba*.

GUARUJÁ – Viveiro de guarus. Guaru (comilão) é um peixe também chamado de barrigudinho. Nome de uma cidade do litoral paulista.

GUARULHOS – Barrigudos. Composto pelo termo tupi *guaru* (comilão ou barrigudo) e o sufixo português *lhos*. Uma nação indígena que habitava os arredores de São Paulo era chamada de guarulhos, porque, segundo os portugueses, eram barrigudos. Nome de uma cidade paulista.

GUAXINIM – O que rosna, roncador. Espécie de cachorro-do-mato também conhecido como mão-pelada.

GUAXUPÉ – Abelha negra de chão. Espécie de abelha sem ferrão, que produz mel e faz ninho no chão. Nome de uma cidade em Minas Gerais.

GUIRATINGA – Ave branca, garça branca. Nome de uma cidade em Mato Grosso.

GURI – Pouco, pequeno. Criança do sexo masculino, menino. Em algumas regiões, também é o nome que se dá ao bagre.

GURINHÉM – Pássaro que canta. Mas pode ser também rumor dos bagres. Nome de uma cidade e de um rio na Paraíba.

GURUPÁ – Pica-pau. Mas pode ser também lugar da plantação ou lago do cascalho. Nome de uma cidade no Pará.

GURUPI – Rio pedregoso. Nome de uma cidade no Tocantins.

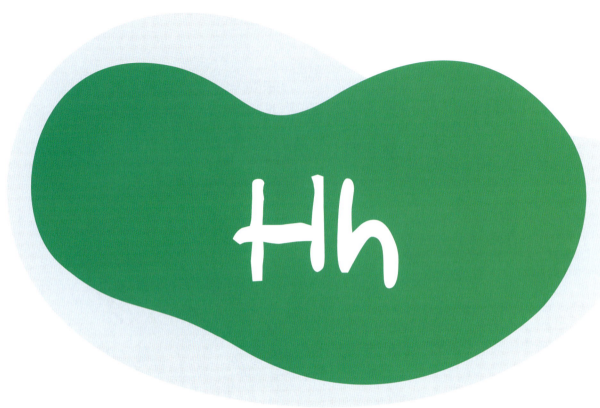

HUMAITÁ – No guarani falado hoje no Paraguai, existem muitas palavras iniciadas pela letra *h*, mas no tupi antigo elas são raras. Humaitá é uma corruptela de *mbaitá*, que derivou também para baitaca (coisa barulhenta), que é o mesmo que maritaca. Nome de cidade no Amazonas e no Rio Grande do Sul. Nome de um bairro carioca, de um forte baiano, de um bairro paulistano e de um rio no Acre.

LUGAR DE LUTA

Uma fortaleza paraguaia às margens do Rio Paraguai se chamava Humaitá. Lá ocorreu uma das batalhas navais mais simbólicas da Guerra do Paraguai (1864-1870), vencida com muita dificuldade por uma esquadra brasileira, na madrugada de 19 de fevereiro de 1868.

IACANGA – Nascente, cabeceira de rio. Nome de uma cidade paulista.

IACI – Lua. Nome próprio.

IACIARA (ou **Jaci**) – Lua. Nome próprio.

IANDARA – Meio-dia. Palavra sonora e bonita usada como nome próprio.

IANDU – O que é sensível (*i-andu*). O mesmo que *nhandu*.

IARA – Senhora ou senhora das águas. Ser mitológico brasileiro na forma de uma linda mulher de cabelos verdes que mora no fundo de rios e lagoas. Ela é tão linda que enfeitiça os homens; todos os que a veem ficam apaixonados, pulam na água e nunca mais aparecem.

PROTETORA DAS ÁGUAS DOCES

Considerada a protetora das águas doces, na mitologia tupi, a Iara é criadora e protetora dos animais que vivem em rios e lagos, principalmente os peixes. Como protetora dos peixes, ela também cuida das águas, porque peixe não vive em água poluída, não é? Ela sabe também que, sem vegetação, os rios secam, e, se os rios secarem, esses animais morrem. Com a chegada dos europeus, a Iara passou a ser considerada uma espécie de sereia brasileira, metade peixe, metade mulher, que teria um palácio no fundo de uma lagoa. Mas, antes disso, não se falava no Brasil que ela tinha rabo de peixe nem que tinha palácio (coisa que não existe na cultura indígena). E acredita-se, ainda, que Iara seja uma variação de Ipupiara (o que mora no fundo da água), na maioria das vezes descrito como do sexo masculino, embora haja relatos também de Ipupiara do sexo feminino.

IBI – Terra, solo, chão. Compõe o nome de muitas cidades e serras brasileiras. Exemplos: Ibiá (MG) é terra erguida; Ibiapaba (CE) é onde terminam as terras altas; Ibiapina (CE) é terra limpa; Ibicuí (RS) é terra fina, areia; Ibimirim (PE) é terra pequena; Ibipitanga (BA) é terra vermelha; Ibiporã (PR) é terra bonita; Ibituruna (MG) é serra negra; Ibiúna (SP) é terra preta.

IBIRÁ – Pau, madeira, árvore. Compõe muitos nomes de cidades, de bairros e de homens. Exemplos: Ibiraci (nome de homem e de uma cidade em Minas Gerais) é pau cortado, graveto; Ibirapitanga (um dos nomes indígenas do pau-brasil, hoje uma cidade da Bahia) e Ibirapuitã (RS) significam pau vermelho, árvore vermelha; Ibirapuera (parque e bairro de São Paulo) significa o que foi árvore, o que foi mata, ou árvore velha. Às vezes *ibirá* perde o A final na composição de nomes de cidades, como Ibirité (MG), que significa pau legítimo, pau de verdade, e Ibirubá (RS), que é árvore da embira.

IBITIPOCA – Montanha partida, rebentada. Conceição do Ibitipoca é um dos mais antigos povoados de Minas Gerais, onde se localiza o Parque Estadual do Ibitipoca.

IBITURUNA – Serra negra. Vem de *yby* (terra), *ubytu* (terra inclinada, serra) e *una* (preta). Nome de uma cidade mineira e de vários picos e morros brasileiros.

IBOTIRAMA – Terra das flores. Vem de *ybotyra* (flor) e *rama* (sufixo que tem o mesmo significado que *retama*, lugar, pátria, terra, região). Nome de uma cidade baiana às margens do Rio São Francisco.

ICAMIABA – A que tem o seio rachado. Mulheres guerreiras que, segundo a lenda, extirpavam um seio para facilitar o manejo do arco e flecha.

AS AMAZONAS TUPINAMBÁS

Os primeiros europeus a navegar pelo Rio Amazonas foram os espanhóis, liderados por Francisco de Orellana. Em 22 de junho de 1541, a expedição foi atacada por indígenas. Segundo o relato do Frei Gaspar de Carvajal, eles eram liderados por mulheres valentes e fortes – cada uma delas valia por dez homens. Compararam essas mulheres às amazonas da lenda grega e deram nome ao "Rio das Amazonas". Muita gente acredita que os espanhóis foram atacados por homens, que foram confundidos com mulheres por causa dos cabelos longos. Entre os Tupinambá, existiram aldeias só de mulheres, que se afastavam dos homens e somente uma vez por ano tinham contato com eles, numa festa para namorar e procriar. Quando nascia uma menina, ela era criada nas aldeias só de mulheres; já os meninos eram entregues às aldeias comuns. Essas mulheres eram chamadas de icamiabas. Os homens que namoravam icamiabas nessa noite de festa ganhavam um amuleto de pedra verde chamado muiraquitã.

ICAPUÍ – Mato fino. Pode significar também água de pântano e árvore do banhado. Nome de uma cidade no litoral cearense.

ICATU (ou *igatu*) – Água boa, rio bom, água potável. Nome de uma cidade maranhense.

ICÓ – Viver, ser. Povo da nação Cariri, hoje extinto, que habitava a Paraíba. Nome de uma cidade cearense.

ICOARACI (ou *coaraci*) – Sol. Nome de um povoado perto da Ilha de Marajó, em Belém (PA), conhecido pelo artesanato em cerâmica com motivos indígenas, chamada cerâmica marajoara.

IGAÇABA – Carregar água. De *ig* (água) e *açaba* (carregar). Pote de barro, geralmente de boca larga, usado para armazenar e transportar água, grãos, farinha etc. Urna funerária indígena.

IGAPÓ – De *y* (água) e *gapó* (que invade). Mata nas margens dos rios, na Amazônia, que se mantém alagada após as chuvas ou as cheias dos rios.

IGARA – Canoa. De *ig* (água) e *iara* (senhor, senhora), que está por cima da água, que domina a água.

IGARAPÉ – Caminho (*apé*) de canoa (*igara*), rio pequeno. Mas o conceito de rio pequeno na Amazônia é bem diferente do de outras regiões: há rios grandes e largos chamados de igarapé na Amazônia, pois, comparados a grandes rios como Amazonas, Araguaia, Xingu, Negro e Tapajós, eles realmente parecem pequenos.

IGARATÁ (ou **igaraçu**) – Canoa (*igara*) forte (*tã*), canoa (*igara*) grande (*açu*), navio. Nome de cidades: Igaratá (SP), Igaraçu do Tietê (SP) e Igarassu (PE).

IGUABA – Lugar para beber, bebedouro. Passou a significar também vasilha para beber água. No Rio de Janeiro, existe uma cidade chamada Iguaba Grande e um povoado com o nome de Iguaba Pequena.

IGUAPE – Pode ter vários significados, entre eles, enseada do rio. Nome de uma cidade no litoral sul paulista.

IGUATEMI – Rio sinuoso. Nome de um rio e de uma cidade em Mato Grosso do Sul e também de várias localidades brasileiras. Nome de um forte construído em Mato Grosso do Sul em 1767, como um posto avançado da ocupação paulista. Era área de conflito com povos indígenas da região e com espanhóis que ocupavam o Paraguai.

IJUÍ – Rio dos sapos; rio da espuma. Nome de uma cidade gaúcha.

IMBASSAÍ – Há interpretações diferentes para o significado dessa palavra. O mais provável é que seja rio do palmito. Nome de um povoado à beira-mar, ao norte de Salvador (BA), num lugar muito bonito onde deságua um rio de mesmo nome.

IMBAÚBA (ou **embaúba**) – Árvore de pé, árvore ereta, árvore oca. Espécie de árvore de tronco e galhos ocos, geralmente usados para fazer calhas e outros objetos. Suas folhas são muito apreciadas pelo bicho-preguiça, por isso ela é conhecida também como árvore-da-preguiça.

IMBÉ – Planta que cresce, trepadeira. Nome de uma lagoa, um rio e uma cidade no Rio Grande do Sul. Em Santa Catarina, há uma cidade chamada Imbituba, que significa muitos imbés.

IMBU – Ver *umbu*.

IMBURANA (**emburana**, **amburana** ou **jamburana**) – Árvore que parece imbu, semelhante ao imbu, falso imbu. Espécie de árvore nativa da América do Sul, famosa por causa da madeira, que é utilizada na fabricação de barris para o envelhecimento de cachaça, conferindo à bebida uma cor amarelada, brilhante e um sabor diferente.

INAIÊ – Solitário. Espécie de gavião, talvez assim denominada por viver solitária. Nome próprio.

INDAIÁ (ou **indajá**) – Amêndoas que caem. Espécie de palmeira, também conhecida como catolé, catulé ou caculé (que não são termos de origem tupi). Em São Paulo, há uma cidade chamada Indaiatuba, que significa lugar que tem muito indaiá.

INGÁ – Fruta úmida. Espécie de fruto que tem a forma de uma vagem comprida, com uma polpa branca comestível, úmida e doce.

INHACA – Cheiro ruim, fedor. Quando alguém exala cheiro ruim, daquele tipo que parece cheiro de bode ou de pessoa que não toma banho, dizemos que está com "inhaca". A palavra passou a ter também o sentido de azar. Quando alguém se sente azarado, também diz que está com inhaca.

INHAMBU – Ver *nhambu*.

INHAPI (ou **inhapim**) – Campo (*inhu*) nu ou raspado (*apina*). Nome de uma cidade alagoana. Em Minas Gerais também existe uma cidade chamada Inhapim, que pode ter o mesmo significado (campo nu), mas há quem diga que nesse caso a palavra quer dizer nascente dos rios. Espécie de ave chamada de inhapim, japim ou xexéu, de coloração preta e vermelha ou preta e amarela, que faz ninho com formato de bolsa, pois fica pendurado. Nesse caso, o termo vem de *ia-nheém-pii* e significa barulhento ou tagarela, ou que fala muito e depressa.

INHAÚMA – Barro de panela ou barro de louça, argila. Nome de várias localidades brasileiras, entre elas uma cidade de Minas Gerais e um bairro na cidade do Rio de Janeiro. O nome desse bairro carioca pode vir de anhuma, ave preta corredora que existia muito no local.

IPAMERI – Entre rios. A cidade goiana que tem esse nome antigamente se chamava Entre Rios de Goiás.

UMA CURIOSIDADE

Quem estuda História antiga às vezes nem imagina que o nome da famosa região da Mesopotâmia significa exatamente o mesmo que Ipameri e ganhou esse nome por ficar entre os rios Tigre e Eufrates.

IPANEMA – Água ruim, água imprestável, ruim para pesca, que não tem peixes. Nome de um bairro na cidade do Rio de Janeiro (RJ) e de uma cidade em Minas Gerais. Quem entra no mar em Ipanema nem imagina que os que lhe deram esse nome consideravam a praia carioca, hoje famosa no mundo todo, como um lugar de água imprestável.

IPÊ – Árvore cascuda. Espécie considerada a árvore-símbolo do Brasil. Há diferentes espécies com flores brancas, amarelas, roxas ou lilás.

IPIOCA – Pode significar colheita de raízes, o arrancar da mandioca (de *ipi oga*) ou caverna, furna (de *ibi oca*). Nome de um bairro em Maceió (AL).

IPIRANGA – Rio vermelho. Há muitos rios com esse nome, inclusive aquele, em São Paulo, em cujas margens Dom Pedro I deu o famoso grito em 1822: "Independência ou morte!". Quem morreu foi o próprio rio, que ficou poluído e foi canalizado.

IPOJUCA – Água estagnada e não potável. Será que os homens chamados Ipojuca sabem disso? É uma palavra bonita, mas é estranho chamar-se "água estagnada", não é? Nome de uma cidade no litoral pernambucano.

IPORANGA – Rio bonito ou água bonita. Nome de uma cidade do interior e também de uma praia paulistas.

IPU – Água que emerge, fonte. Espécie de abelha. Nome de uma cidade cearense. Em Santa Catarina, há uma cidade chamada Ipumirim, que quer dizer fonte pequena.

IRACEMA – Saída do mel. Nome próprio, popularizado pelo romance homônimo de José de Alencar, segundo o qual a palavra significa lábios de mel. Nome de cidades: Iracema (CE), Iracemápolis (SP) e Iraceminha (SC).

IRACI – Mãe das abelhas, abelha-rainha. Nome próprio. Tem o mesmo significado de Iramaia.

IRAÍ – Rio do mel. Nome de uma cidade gaúcha conhecida como estância hidromineral.

IRAJÁ – Lugar onde há mel, colmeia. Nome de um bairro carioca e de um povoado cearense.

IRAMAIA – Mãe do mel, abelha-rainha. Nome próprio. Nome de uma cidade na Bahia.

IRANI – Abelha enfurecida, abelha brava. Nome de uma cidade catarinense.

IRARA – Papa-mel. Espécie de animal carnívoro de pequeno porte, de aspecto semelhante às martas e doninhas, mas que também se alimenta de mel e por isso é conhecida como papa-mel. Irará, que tem o mesmo significado, é nome de uma cidade baiana. O mesmo que *ariranha*.

IRECÊ – Na superfície da água, à mercê da corrente. Nome de uma cidade na Bahia.

IRERÊ – Espécie de marreco. Irerê é a voz onomatopaica desse animal, ou seja, o som que ele emite. O mesmo que *paturi*.

> **NOME INVENTADO PELO ESCRITOR?**
>
> Acredita-se que José de Alencar tenha usado pela primeira vez a palavra Iracema como nome próprio. Escritor romântico cearense que tratou várias vezes da temática indígena, José de Alencar teve um motivo a mais para usar o nome Iracema: é anagrama de América. Anagrama é uma palavra criada pela troca da posição das letras de outra palavra.

ITÁ – Pedra. Como não distinguiam pedras de metais, os indígenas passaram a usar o termo também como sinônimo de ferro, de metal. Aparece na composição de muitas palavras, como itaoca (gruta, lapa) e Itaipu (estrondo da água nas pedras). A palavra Itapuã, que nomeia uma bela praia de Salvador (BA), quer dizer pedra erguida, pedra levantada, o mesmo de Itapira (SP) e Itabira (MG), terra do poeta Carlos Drummond de Andrade, onde se localiza (ou localizava) o pico do Itacolomi (palavra que significa menino de pedra), local de extração de minério de ferro há décadas.

MAIS CIDADES COM "ITA" NO NOME

Há cidades por todo o Brasil com nome começado por Ita. Veja algumas delas: Itaberá (SP) e Itaberaba (BA) têm o mesmo significado, pedra brilhante, cristal; Itaberaí (GO) é rio das pedras brilhantes; Itaboraí (RJ) é fonte de pedra; Itabuna (BA) é pedra preta; Itacaré (BA) é pedra torta, pedra arcada; Itacoatiara (AM) é pedra pintada, pedra escrita (com inscrição rupestre); Itaiçaba (CE) é passagem do rio das pedras; Itaici (SP), cidade onde fica a sede da Conferência Nacional dos Bispos do Brasil (CNBB), significa resina de pedra, enxofre; Itaipava, nome de um distrito em Petrópolis (RJ), significa banco de pedregulhos e seixos; Itajaí (SC) é rio pedregoso; Itajubá (MG) é pedra amarela, ouro; Itamarandiba (MG) é lugar de muitas pedras desordenadas; Itambé (BA e PE) é pedra afiada, penedo pontiagudo; Itanhaém (SP) é vasilha de pedra; Itanhandu (MG) pode ser pedra da ema ou pedra da aranha; Itaobim (MG) é pedra verde, esmeralda; Itaporanga (SP e PB) é pedra bonita; Itapura (SP) é pedra que emerge das águas; Itaquera, bairro paulistano, significa pedreira velha; Itaqui (RS) é pedra aguçada, pedra de amolar; Itatiaia (RJ) é pedra que se ergue em pontas; Itatinga (SP) é pedra branca.

ITABAIANA – Vem de *tabay-ana* (a*na*, abreviação de *anga*), que significa morada das almas ou taba assombrada. Mas há outra versão sobre a origem e o significado do termo, que viria de *i-toba-iana*, significando inimigos fronteiros. Nome de cidades em Sergipe e na Paraíba.

ITABAPOANA – Taba redonda. Nome de um rio na divisa entre Rio de Janeiro e Espírito Santo.

ITABI – Pode significar pedra cheia de musgo (*ita-abi*), mas também pode ser rio onde se nada (*itaba-i*). Nome de uma cidade em Sergipe.

ITACAMBIRA – Pode significar forquilha de metal (*ita-acambira*) ou papo de tucano (*tucan-bira*). Nome de uma cidade em Minas Gerais.

ITAGIBA – Braço de ferro. Nome de um cacique tabajara do século XVI. Itagiba, nome de uma cidade baiana, pode ter o mesmo significado ou vir de Itajubá.

ITAIM – Pedra pequena, pedrinha, pedregulho. Vem de *itá* (pedra) e *im* (diminutivo). Há muitos povoados, bairros e rios brasileiros chamados Itaim.

ITAIPAVA – Banco de pedregulhos. Várias localidades brasileiras têm esse nome. A mais conhecida é um distrito em Petrópolis (RJ).

ITAITUBA – Lugar onde existem muitos pedregulhos. Nome de uma cidade no Pará.

ITAJUÍ – Rio do ouro. Nome de uma cidade baiana. Na Bahia, há uma cidade chamada Itajuípe, que significa "no" rio do ouro.

ITAMARACÁ – Chocalho (*maracá*) de metal (*itá*). Nome indígena para sino. Nome de uma ilha e uma cidade em Pernambuco.

ITAMARAJU – Pode ser concha (*i-tambá*) pintada ou manchada (*rá*) de amarelo (*ju-ba*) ou pedra (*itá*)

amarelada (*moruju-ba*). Nome de uma cidade baiana.

ITAMARATI – Pedra (*itá*) alvíssima (*moroti*). Pode significar também torrente por entre pedras soltas (*itá-marã-ti*). Nome de duas cidades, uma na Bahia e outra no Amazonas. Em Minas Gerais, há o município de Itamarati de Minas.

ITAMARATY: DOIS PALÁCIOS

O Ministério das Relações Exteriores também é conhecido como Itamaraty, porque sua primeira sede no Rio de Janeiro foi instalada no antigo palácio do Conde de Itamaraty. Em Brasília, o Palácio dos Arcos, projetado por Oscar Niemeyer, nova sede desse ministério, não perdeu o apelido de Palácio do Itamaraty.

ITAMBACURI – Depósito de conchas. Nome de uma cidade em Minas Gerais.

ITAPARICA – Tapagem ou cerca (*pari*) de pedra (*itá*). A Ilha de Itaparica, na Bahia, recebeu esse nome por causa dos recifes que protegem sua costa oceânica.

ITAPE – De *itá* (pedra) e *peba* (chata), laje. Às vezes, a palavra aparece inteira, como em Itapeba (nome de um povoado no Rio de Janeiro), ou alterada para Itapeva, nome de uma cidade paulista. Itapé tem um significado diferente: caminho (*apé*) de pedra (*itá*).

NOMES DE CIDADES COM ITAPE

Muitas localidades têm seu nome iniciados por *itape*. Exemplos: Itapecerica (MG) é laje escorregadia (a tradução literal seria "lençol de água sobre a laje"); Itapecuru (PR) é laje despedaçada; Itapemirim (ES) é laje pequena; Itaperuna (RJ) é laje preta; Itapevi (SP) é rio da laje; Itapirapuã (GO) é pedra alta e redonda. Mas nem sempre *itape* no início de nomes de cidades significam laje. Por exemplo: Itapetininga (SP) pode ser *itape* (laje) e *tininga* (seca), mas algumas pessoas dizem que vem de *itá* (pedra), *apé* (caminho) e *tininga* (seca), que quer dizer caminho da pedra seca. E há casos diferentes: Itaperaí, um povoado maranhense, vem de *i-tapera-i*, o rio da tapera; Itaperuçu (PR) vem de *i-tapera-açu*, a tapera grande.

ITAQUAQUECETUBA – Lugar de taquaras que cortam como faca. Vem de *taquá* (abreviação de *taquara*), *quicé* (faca) e *tyba* (coletivo). Nome de uma cidade da região metropolitana de São Paulo.

ITATIBA – Muitas pedras, pedreira. Nome de uma cidade paulista, vizinha de outra que, não por coincidência, se chama Pedreira.

ITAÚ – Pedra preta ou ferro. Em Minas Gerais há uma cidade chamada Itaú de Minas.

ITORORÓ – Rio barulhento, rio que jorra fazendo barulho. Você já cantou "Fui no Itororó beber água, não achei"? Tororó (como toró e xororó) é voz onomatopaica que corresponde ao som de algo que faz barulho ou sussurra. Denominação de pequenas quedas-d'água. Nome de uma cidade na Bahia e de um açude em Salvador (BA) chamado Dique do Itororó.

ITU – Salto. Em São Paulo, algumas pessoas costumam chamar a cidade de Salto, perto de Itu, de Salto de Itu. Então, seria como dizer "Salto de Salto".

ITUIUTABA – Lugar da cachoeira, mas alguns traduzem de forma diferente: a palavra não seria composta do prefixo *itu* (salto, cachoeira), vem de *i-tuiú-taba*, aldeia do brejo. Nome de uma cidade no Triângulo Mineiro.

IVATUBA – Pomar. Vem de *ybá* (fruta) e *tyba* (coletivo, muitos). Nome de uma cidade paranaense.

CIDADES-CACHOEIRAS

Existem muitas cidades e muitos povoados com nomes começados pelo prefixo *itu*. Alguns exemplos: Ituverava (SP) significa cachoeira brilhante; Itumbiara (GO) é cachoeira de pesca e caça; Itupeva (SP) é cachoeira baixa, corredeira; Ituporanga (SC) é cachoeira bonita; Iturama (MG) significa pátria das cachoeiras, região das cachoeiras. A terminação *rama* significa região, pátria ou país.

JABÁ – Fuga, fugir, esconder, fugitivo, fujão.

JABIRACA – Não há explicação bem-aceita sobre a origem desta palavra que certas pessoas usam em referência a mulher feia e mal-humorada, mas há quem garanta que seja derivação de jararaca.

CARNE-SECA

Durante a dominação portuguesa, os colonizadores prendiam e escravizavam os indígenas, que fugiam e eram perseguidos, e, não podendo parar para caçar, eles levavam carne-seca. Como jabá significa fuga, fugir e fugitivo, a carne que os fugitivos levavam passou a ser chamada de jabá. Os lugares que os fugitivos se escondiam recebiam o nome de jabaquara, que significa refúgio dos fujões, refúgio dos fugitivos, ou seja, é o mesmo que quilombo, palavra de origem africana. Em Santos e São Paulo, existem bairros chamados Jabaquara. O "quilombo do Jabaquara", em Santos, foi muito famoso já no período da escravidão negra, abrigando escravizados fugitivos até o fim do regime escravista, em 1888.

JABOATÃO – Que tem o tronco reto, mas pode ser também o que tem a fibra dura. Espécie de árvore cujos troncos são utilizados para fazer mastros de embarcações. Em Pernambuco, existe uma cidade chamada Jaboatão dos Guararapes.

JABORANDI – Aquele que faz salivar ou fruto que produz óleo. Espécie de árvore pequena, com propriedades medicinais. Nome de cidades na Bahia e em São Paulo.

JABURU – Que tem o papo cheio. Espécie de ave de porte grande que vive em bandos e se alimenta de peixes e animais aquáticos. Por ser uma ave meio esquisita, o termo virou sinônimo de sujeito desengonçado e feio. O mesmo que *tuiuiú*.

JABUTI – O que não bebe. Ou o que não respira. Espécie de cágado que os indígenas consideravam insensível à sede, pois não procura água e vive sob as árvores. Na cultura indígena, o jabuti é símbolo de astúcia e perseverança, duas virtudes importantes. A fêmea do jabuti é chamada de jabota.

JABUTICABA (ou **jaboticaba**) – Existem várias versões sobre o significado do nome dessa fruta bem brasileira. Uma delas, que parece ser a mais correta, é que venha de *yabuti-caba* (gordura de jabuti), porque a polpa é branquinha e mole. Outros dizem que vem de *yabuti-guaba* (comida de jabuti), mas, como o jabuti não sobe em árvores, isso parece improvável, se bem que ele pode comer as frutas que caem. Há quem diga que seja uma palavra derivada de *yambo-ticaba* (fruto de botão), porque ele cresce grudado nos troncos e galhos.

JACÁ – Cesto feito de taquara ou cipó, usado para transportar carga. Em alguns lugares, o jacá tem um tamanho certo e virou medida: nele cabem "duas mãos" de espigas de milho, ou seja, 120 espigas (uma mão de milho tem 60 espigas). Não confundir com jaca, a fruta, que não é brasileira: foi trazida do sudeste da Ásia.

JAÇANÃ – O que grita alto. Espécie de ave também conhecida como marrequinha, ferrão, jaçanha, cafezinho. Nome de um bairro na cidade de São Paulo que se tornou famoso por causa da música "Trem das Onze", de Adoniran Barbosa, o primeiro samba paulista a ser a música mais tocada num carnaval carioca.

ENGANANDO A ONÇA

Nas lendas indígenas, o jabuti engana qualquer animal. A onça, animal poderoso, o maior predador da floresta, é uma de suas vítimas preferidas. Uma dessas lendas conta que, certa vez, uma onça se fingiu de morta para que o jabuti se aproximasse e fosse pego por ela. Os animais da floresta fizeram festa por causa da morte da onça, mas o jabuti, desconfiado, falou de longe que não sabia se a onça tinha morrido mesmo e completou: "Meu avô dizia que, quando morre, a onça espirra três vezes". Ela escutou e espirrou três vezes. E todos os bichos saíram em debandada.

JACARAÍPE – No rio dos jacarés. Nome de uma cidade no litoral capixaba.

JACARANDÁ – De cerne duro. Árvore de madeira resistente, bonita, escura e com desenhos variados. Há muitas espécies de jacarandá, entre elas o jacarandá-cabiúna (também chamado cabiúna ou caviúna), de cor negra, muito usado para fazer móveis finos.

JACARÉ – O que olha de lado. Compõe o nome de vários rios e localidades no Brasil. Por exemplo: Jacareacanga (PA) é cabeça de jacaré; Jacareí (SP) é rio do jacaré; Jacarecica (praia em Alagoas) é jacaré aleijado; Jacarepaguá (bairro e lagoa na cidade do Rio de Janeiro) é baixada da lagoa dos jacarés; Jacarepuá (lagoa no estado do Rio de Janeiro) é jacaré gordo.

JACI (ou Iaci) – Lua.

MÃE DOS FRUTOS

A palavra Jaci é formada por *ja* e *cy*, que quer dizer mãe dos frutos. Na mitologia tupi, a Lua é uma grande deusa que criou e protege os vegetais. Ela tem como principais auxiliares o Curupira e o Boitatá. Como nome próprio, Jaci é mais comum para homens, embora possa ser usado para mulheres.

JACIARA – Luar. Nome de uma cidade em Mato Grosso. Em algumas regiões, em vez de Jaciara, pronuncia-se Iaciara. É também nome próprio.

JACOBINA – A cidade baiana é chamada assim em homenagem a uma mulher? Parece algo como o feminino de Jacob. Mas não é nada disso. É uma palavra tupi, vem de *já*, *cuã* e *apina*, que significa o que tem cascalho limpo, jazida de cascalho descoberto de mato ou capim. Em 1718 foi descoberta uma grande jazida de ouro na cidade de Jacobina (BA).

JACU – Desconfiado, cuidadoso, cauteloso. Espécie de ave do tamanho de uma galinha cuja carne é muito apreciada, sendo, por isso, muito caçada. Em certos lugares, jacu é sinônimo de caipira, por ele ser mesmo desconfiado, cauteloso, mas quando o chamam de jacu é num tom pejorativo. A palavra aparece na composição de vários nomes. Exemplos: Jacuí (rio gaúcho e cidade mineira) é rio do jacu; Jacupá (lago paraense) é lugar dos jacus; Jacupiranga (cidade paulista) é jacu vermelho; Jacutinga (cidade mineira) é jacu branco.

JACUBA – *I-acuba*, água quente. Papa de farinha de mandioca preparada com rapadura e água.

COMIDA DE BANDEIRANTE

Jacuba era a alimentação básica dos remadores paulistas nas expedições chamadas monções, que desciam o Rio Tietê, chegando até o Rio Paraná, de onde seguiam para diversos lugares. Servida até hoje em algumas regiões brasileiras, a jacuba é feita com mel ou açúcar, podendo incluir leite ou cachaça. Em outras regiões, pode incluir gotas de limão e garapa. Alguns autores acreditam que a palavra seja uma derivação de *jecuaba* (do tupi) e *jecuacu* (guarani), que significam jejum. É que, nos dias de jejum, os jesuítas orientavam os devotos que faziam penitência a se alimentar só de farinha de mandioca molhada com água fria. Em alguns lugares, esse alimento é chamado de chibé (ou xibé), tiquara, serereba ou gonguinha.

JACUMÃ – Ponta, guia, timão. Tipo de pá indígena que serve como leme ou remo. A palavra é usada na Amazônia, onde o remador, em vez de se sentar na popa (parte de trás da canoa), fica bem na frente, na proa. O piloto da canoa também é chamado de jacumã.

JACUNDÁ (**nhacundá** ou **iacundá**) – Indivíduo travado, retorcido. Ou aquele que tem a boca grande. Espécie de peixe que se locomove lentamente e que se deixa pegar com a mão. Nome de uma dança indígena que simula a pesca do jacundá. Nome de uma cidade paraense.

JAGUAR – Onça. Termo usado para designar a onça-pintada. Como não existia cachorro no Brasil antes da chegada dos europeus, os Tupi o compararam a uma onça e o chamaram de *jaguara*, termo usado também como sinônimo de cachorro sem raça definida ou para falar de algum sujeito muito sem-vergonha, patife. A onça-pintada passou então a ser chamada de jaguaretê (onça de verdade, onça legítima). A palavra jaguar aparece na composição de muitos nomes de cidades, rios etc. Por exemplo: Jaguarão (RS) é semelhante a onça; Jaguaré (nome de muitos povoados brasileiros) é cheiro de onça; Jaguari (nome de vários rios e povoados brasileiros) é rio da onça; Jaguaribe (CE) é no rio das onças; Jaguaquara (BA) é toca da onça; Jaguapitã (PR) poderia ser onça-vermelha, mas o significado do nome dessa cidade é mais aceito como cachorro avermelhado.

JAGUATIRICA – Onça tímida, fujona. Espécie de onça de porte médio ou pequeno, arisca, também conhecida como gato-do-mato ou maracajá. V*er maracajá.*

JAÍBA – Rio ruim, espinho ou o que é ruim. Nome de uma cidade em Minas Gerais.

JALAPA (e **jalapão**) – O que solta. Diversas plantas muito parecidas umas com as outras se chamam jalapa, uma delas é o jalapão. Espécie de planta cujo tubérculo é laxante, purgante. A palavra purgante também é usada como adjetivo em referência a pessoas muito chatas, que incomodam, então jalapa adquiriu esse sentido.

UM "DESERTO" DIFERENTE

No leste do Estado do Tocantins existe uma região muito especial chamada Jalapão, por causa da abundância de jalapas por lá. Mas outra planta regional é que é famosa ali: o capim dourado. Ele parece banhado a ouro, é resistente e bonito. Dele se faz todo tipo de artesanato, desde brincos até bolsas e chapéus, sendo usado também como linha para bordar. Apesar de ser de difícil acesso, o Jalapão tem recebido cada vez mais visitantes para apreciar não só o artesanato, mas principalmente a natureza, que parece um grande deserto, mas com rios, cachoeiras e lagoas exuberantes.

JAMBU – Nome de uma erva também conhecida como agrião-do-pará, usada com o tucupi para fazer o tacacá, uma espécie de "goma" do mingau de tapioca, muito forte e com sabor diferente, típico do Pará. O jambu deixa a língua da gente meio anestesiada. Quem toma tacacá pela primeira vez quase sempre fala enrolado, pois não consegue controlar a língua. O mesmo que *nhambu*.

JAMUNDÁ (ou **nhamundá**) – Ladrão.

JANDAÍRA – Abelha melífera. Espécie abelha silvestre, preta e com listras amarelas na barriga, que produz um mel muito aromático. É também nome próprio. Existe uma lenda segundo a qual Jandaíra era uma abelha que se transformou em moça, casou-se com um jovem indígena, mas, depois de brigar com a sogra, fugiu. Alcançada pelo marido, se encolheu até virar abelha de novo.

JANDIRA – O mesmo que *jandaíra*.

JAÓ – Espécie de ave muito comum na região do Cerrado, no Centro-Oeste brasileiro. É a voz onomatopaica, o som que essa ave emite. Chamada também de zabelê, que não é palavra tupi, pois nessa língua não há o som de Z nem de L.

JAPARATUBA – Lugar de muitos arcos. Nome de uma cidade em Sergipe.

JAPI (ou **japiim**) – Barulhento, ou pequeno e barulhento. O mesmo que *xexéu*.

JAPURÁ (ou **jupará**) – O que é esperto, o que é ágil, mas pode ser também o que tem boca de várias cores. Espécie de animal conhecido também como macaco-da-noite, de cerca de 60 centímetros de comprimento, que se alimenta de insetos e frutas. É ainda o nome de uma árvore, derivando de *já-apurá* (o fruto de cima).

JARACATIÁ (ou **jacaratiá**) – Que exala perfume. Espécie de mamoeiro nativo do Brasil, conhecido como mamão brasileiro.

JARAGUÁ – O senhor do vale. Algumas pessoas traduzem como dedo de Deus. Nome de muitas localidades e morros brasileiros, inclusive o pico mais alto do município de São Paulo. Existem também o capim-jaraguá e a formiga-jaraguá, cortadeira desse capim, que é pequena, mas pode acabar com pastos inteiros.

JARARACA – Que agarra envenenando, ou cujo ataque é venenoso. Espécie de cobra muito venenosa e perigosa, responsável pelo maior número de acidentes (picadas, "mordidas") com cobra no Brasil. Virou sinônimo de pessoa traiçoeira. Termo usado também em referência a mulher brava e vingativa. Existe uma cobra de cerca de 2 metros de comprimento, venenosa, chamada jararacuçu (jararaca grande), conhecida também como surucucu.

JARI – Riacho, rio pequeno. Espécie de palmeira. Também é nome próprio.

JARINA – Palmeira deitada. Espécie de palmeira cujas folhas são utilizadas para cobrir ranchos. Fruto de polpa doce usados para fazer refrescos. A polpa seca vira uma substância chamada marfim-vegetal, empregada na fabricação de botões, dados e outros pequenos objetos. Também é nome próprio.

JATAÍ (ou **jutaí**) – Fruto duro. Existe também a abelha jataí, palavra cuja origem é outra. Alguns dizem que vem de *gethaí* (zumbido). Conhecida também como abelha-mosquito, a jataí é pequenina, não tem ferrão e produz um mel muito apreciado, porém escasso. A palavra jataí dá nome a várias localidades brasileiras, incluindo uma cidade em Goiás. O mesmo que jatobá.

JATOBÁ – O que tem a casca dura. Espécie de fruto que merece esse nome. Em alguns lugares, o jatobá é conhecido pelo nome de jataí ou jutaí. Dentro da casca dura, o fruto tem sementes envolvidas por um pó verde adocicado e comestível. Na medicina popular, dizem que esse pó, batido com leite no liquidificador, faz bem para os pulmões. Jatobá virou ainda sobrenome.

JAÚ – Comilão. Espécie de peixe grande e bocudo, que chega a pesar até 100 quilos.

JAVAÉ – Gente diferente. Nome da nação indígena da família linguística carajá, que habita a Ilha do Bananal, no Tocantins.

JENIPAPO – Fruto de esfregar, ou fruto que serve para pintar. Espécie de fruta de cuja casca é extraída uma tinta preta usada pelos povos indígenas para pintura corporal e em artesanato. Do jenipapo também se faz licor.

JEQUIÉ – Covo diferente. De *jequi* ou *jiqui* (covo, tipo de cesto que é armadilha de pesca). Nome de uma cidade baiana.

JEQUITI – Em guarani, *jekyty* significa roçar-se, massagear-se, mas há várias interpretações para o significado dessa palavra, como cortar-se ou cortar o cabelo. Espécie de planta brasileira. Nome de um rio na Bahia, nesse caso termo derivado de *jiqui-t-i* (rio do covo).

JEQUITIBÁ – Fruto em forma de covo, ou árvore de fruto alto. Espécie de árvore cuja madeira é muito forte e bonita.

JEQUITINHONHA – Pode ter vários significados, entre eles cesto colocado na água. Nome de um rio e de uma cidade em Minas Gerais.

VALE DO JEQUITINHONHA

Região famosa pelas pedras preciosas e semipreciosas. No entanto, essa riqueza toda não beneficia a maior parte da população do Vale do Jequitinhonha, que é muito pobre. O artesanato produzido na região é riquíssimo, com destaque para a cerâmica, a tecelagem, a cestaria e trabalhos em madeira e couro.

JEREMOABO – Aboboral, plantação de abóboras. Nome de uma cidade baiana.

JERICOACOARA – Buraco (ou esconderijo) das tartarugas. Nome de uma vila no litoral cearense, perto do Piauí. Era um lugar pouco conhecido até pouco tempo atrás. Hoje, turistas do mundo inteiro vêm apreciar a beleza de suas praias.

JERIMUM – Gargalo escuro, ou pescoço escuro. Espécie de abóbora "de pescoço", não inclui a moranga.

JIA – Rã. No Ceará há uma lagoa chamada Jijoca (morada das rãs).

JIBOIA – Cobra das rãs, cobra que se alimenta

de rãs. Espécie de cobra que também se alimenta de mamíferos e aves e chega a ter 4 metros de comprimento. Não sendo venenosa, essa cobra mata suas presas por constrição, quer dizer, enrola-se no animal e o aperta, sufocando-o até a morte. Em alguns lugares, há pessoas que criam jiboias em casa e as alimentam com ratos e outros pequenos animais. Quando atinge determinado tamanho, é a jiboia que vira alimento: o dono a mata, come sua carne e usa o couro para fazer objetos, como pandeiros. Do hábito da jiboia de comer e ficar paradona, dormitando, surgiu o verbo jiboiar, usado quando a gente come muito e fica em repouso, "jiboiando".

JI-PARANÁ – Rio das rãs. Uma das maiores cidades de Rondônia tem esse nome.

JIRAU – Estrado (tablado) de madeira feito de varas apoiadas sobre forquilhas. Serve para proteger alguma comida do chão úmido e também para dormir em cima dele. Há várias versões para a origem da palavra jirau. Entre elas, "suspenso acima das águas" e "estrado de varas".

JOAÇABA – Benzer-se, fazer o sinal da cruz. Como os indígenas não faziam isso antes da chegada dos europeus, é uma palavra adaptada. A tradução literal seria cruzar uns sobre os outros, tendo em vista que uma cruz pode ser feita de um pau cruzado com outro. Nome de uma cidade catarinense.

JUÁ – O fruto dos espinhos. Espécie de fruto envolvido por uma folha com espinhos. Existem vários tipos de juá. Um deles brota em árvore; daí surgiu a palavra juazeiro, a árvore do juá. Existem outras espécies de arbusto pequeno, uma delas com a fruta muito saborosa; outra é o juá-bravo, também conhecido como arrebenta-cavalo, muito venenoso. Juari (rio dos juás) é nome de rio e também nome próprio.

JUCÁ (ou **yucá**) – Matar. Madeira muito dura usada para fazer borduna, que é uma arma indígena.

JUÇARA – Que tem espinhos, espinhento. Nome de uma palmeira. Nome próprio.

SEU MAL É SER BOM

Juçara é uma espécie de palmeira que dá um palmito muito bom. Por causa dessa qualidade, esse tipo de palmeira foi cortado até quase se extinguir da Mata Atlântica. A palmeira demora sete anos ou mais para produzir o palmito. Os indígenas usavam os espinhos dessa palmeira como agulha.

JUCURUTU (ou **murucututu**) – Triste e agressivo, ou triste e barulhento. Espécie de coruja conhecida como coruja-orelhuda. Nome de uma cidade no Rio Grande do Norte.

JUPIRA – O que é comestível, alimento. Mas tem outros significados: espinho erguido, tosquiar, cortar rente. Também é nome próprio.

JUQUIÁ – *Juqui*, variação de *jiqui* (cesto) e *á* (aberta). Cesto de boca larga, armadilha feita de taquara ou cipó usada para caçar ou pescar. Nome de uma cidade paulista.

JURACI – Boca (*jura*) maternal (*cy*), boca delicada. Dizem também que a palavra vem de *ju-r-aci* e significa espinho doloroso. Nome próprio.

JURANDIR – Boca melífera. Nome próprio.

JUREIA – Pescoço diferente. Um dos nomes indígenas para tartaruga. Nome de muitas praias e muitos povoados brasileiros.

JUREMA – Espinheiro suculento. Espécie de árvore espinhenta nativa do Brasil. Os indígenas extraíam da jurema um suco que dava sono nas pessoas. Bebida preparada com a casca, raiz ou fruto dessa planta, usada como alucinógeno em rituais religiosos. Em certos lugares, dizem que trabalho difícil de realizar "é uma jurema". Também é nome próprio.

JURERÊ (**jarerê** ou **jereré**) – *Jerê* (voltar-se, girar). Jererê (ou jurerê) vem de *jerê-jerê* (o que se volta continuamente). Rede pequena usada para a pesca de camarões e peixes pequenos. Nome de uma praia de Florianópolis (SC). O povo Carijó se referia a Santa Catarina como Jurerê-Mirim. Mas há quem interprete que nesse caso o significado seja o mesmo que o de jurumirim (boca pequena). O mesmo que *puçá*.

JURITI (ou **juruti**) – Espécie de ave semelhante ao pombo, que chega a ter mais de 25 centímetros de comprimento, é amarronzada e tem o peito esbranquiçado. Seu nome pode significar colo firme, pela pose que faz para cantar, ou colo branco.

JURUÁ – *Juru* (boca, barra, foz) e *á* (aberta). Nome de uma cidade no Amazonas, onde o rio que deságua no Pará forma uma barra bem larga. Alguns povos de língua guarani usam essa palavra para designar pessoas que não são indígenas.

JURUAIA – Barra mansa. Nome de uma cidade em Minas Gerais, que antes se chamava São Sebastião da Barra Mansa.

JURUBEBA – Espécie de planta que dá um "fruto" muito amargo, do tamanho de uma bolinha de gude, verde, que é comestível se cozido. Mas só quem aprecia coisas amargas demais é que gosta. As raízes, as folhas e os frutos são utilizados como remédio ou na preparação de chás ou bebidas acoólicas. Há várias versões para o significado dessa palavra. Uma delas é que significa boca (*juru*) chata (*beba*), por causa do movimento que a boca faz quando entra em contato com a fruta. Outro significado seria espinheiro de folha chata.

JURUCÊ – Boca afável. Nome próprio.

JURUENA – Palavra que mistura as línguas tupi e aruaque. Segundo alguns, significa rio dos papagaios. Nome de uma cidade em Mato Grosso. Também é nome próprio, e algumas pessoas traduzem como boca doce.

JURUNA – Boca preta. Grupo indígena que habita Mato Grosso (norte do Parque Indígena do Xingu) e o baixo Rio Xingu (PA).

JURUPARI – Boca fechada. Ser mitológico, indígena. Mulheres não podem participar das cerimônias em sua homenagem, e nada do que acontece ali pode ser contado a ninguém. Daí o significado do nome. É também nome de um peixe, uma árvore e um macaco.

JURUPITÉ – Palavra que não é mais usada na língua brasileira, mas deveria ser: significa chupada de boca, beijo.

JURURU – Bico comprido. Quando uma pessoa está triste, melancólica, diz-se que ela está de bico comprido ou jururu.

JUTAÍ – Nome de uma cidade no Amazonas. Também é nome próprio. O mesmo que *jataí*.

O SENHOR DOS PESADELOS

Nos dicionários de português, Jurupari aparece como "o demônio dos indígenas", "o senhor dos pesadelos". Na verdade, Jurupari é um mito que não tem forma, é um espírito que se incorpora nos pajés e lhes transmite regras de comportamento. Jurupari castiga quem desobedece a essas regras, provocando terríveis pesadelos. O branco colonizador comparou o Jurupari com o demônio para impor sua religião.

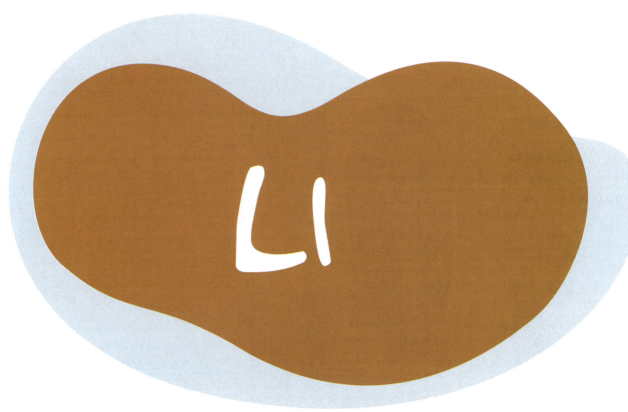

LAMBARI (ou **arambari**) – Palavra que foi alterada na passagem do tupi para o português, pois em tupi não existe a letra L. Espécie de peixe de água doce, seu nome vem de *arabé-r-i* (peixe ou barata pequenos). Nome de uma cidade mineira.

DE BARATA A CIDADE

A palavra *arabé* ou *araué* é usada para denominar pequenos insetos, como baratas e besouros. Então a palavra lambari teria o significado de baratinha-d'água.

Lambari é uma cidade do sul de Minas Gerais, no circuito das águas (onde há várias cidades que são estâncias hidrominerais). Arambari é o nome de uma cidade paulista.

MABUIA – Espécie de lagarto pequeno encontrado no Arquipélago de Fernando de Noronha (PE). Ele é mais roliço que as lagartixas, talvez por isso tenha recebido esse nome derivado de *mbaé* (coisa, bicho) e *mboia* (cobra).

MACACU – A palavra macaco não é tupi, e macacu não tem nada a ver com macaco: é o mesmo que macuco. É também uma espécie de árvore brasileira. Nome de uma localidade no Rio de Janeiro.

MACAÉ – Macaba doce, macaba verdadeira. Espécie de palmeira que dá esse fruto. Macaba é o mesmo que bacaba, que significa fruto gorduroso. Nome de uma cidade no Rio de Janeiro cuja bandeira tem o desenho de uma palmeira.

MACAPÁ – Pomar de macabas, ou bacabas. A bacabeira é uma palmeira nativa da Região Norte. Nome da capital do Amapá.

MAÇARANDUBA (ou **maçarandiba**) – Árvore do escorrego, árvore que faz escorregar ou deslizar. Espécie de árvore alta com troncos compridos, sobre os quais se fazia rolar a madeira cortada.

MACAXEIRA – O mesmo que mandioca-mansa, aipim, principal alimento dos indígenas brasileiros. Como existia o hábito de comer

aipim assado na brasa, surgiu o nome aipim-
-macaiera, ou simplesmente macaiera (coisa
que se queima), derivando para macaxeira.
Vários povos acreditam na existência de um
"gênio dos caminhos" chamado Macaxeira ou
Macachera. Nesse caso, a palavra tem outro
significado, que pode ser traduzido como
o que gosta de fazer a gente se perder.
O mesmo que *aipim*, *mandioca*.

MACEIÓ – Alagado, espraiado. Nome da capital de Alagoas.

MACUCO – Muito bom de comer. Espécie de ave maior que uma galinha, ameaçada de extinção. Em alguns lugares, o termo macuco é usado como sinônimo de cascão. Menino que não toma banho é chamado de macuquento. E existe ainda, derivado de macuco, o verbo macucar, que é falar sozinho, resmungando.

MAGUARI (ou **baguari**) – Vagaroso. Espécie de ave da família das garças e das cegonhas. Por causa do pescoço longo e fino da ave, as pessoas altas e magras são chamadas de maguari.

MAIR – Solitário, apartado, o que vive distante, à maneira dos pajés. O mesmo que *mbaí* em guarani. Mas pode ser também uma palavra derivada de *mba ira* (cabelos de mel). Quando os europeus chegaram ao Brasil, os povos de língua tupi-guarani identificaram os franceses (muitos deles loiros) com um herói mítico de sua cultura, o Mair (*mba ira*), um pajé muito poderoso. Então, passaram a chamar todo francês de *mair*. Pode também ter o mesmo sentido de Maíra.

MAÍRA – Como Mair, deriva de *mba ira* (cabelos de mel), ou, segundo alguns, de *mbaé* (o que vai) e *irã* (desgrudar, separar). Nas lendas dos povos Tupi e Guarani, os criadores do homem deram a eles conhecimentos e ensinaram a identificar o que era comestível e como fazer comida etc. Desses heróis míticos, que de vez em quando desapareciam e voltavam com mais ensinamentos, Maíra era o mais importante. Ele viajava em busca da "Terra sem Mal" (*yby marã e'y*), o paraíso, sem doenças nem guerras. Os Guarani sempre foram nômades, andando à procura desse paraíso, onde estariam seus antepassados. Para eles, é possível chegar lá sem morrer.

MALOCA – Casa da gente, ou casa da guerra. Habitação indígena coberta por folhas secas em que moram várias famílias. A palavra foi adquirindo significados diferentes, sendo usada como moradia simples e também como esconderijo de marginais. Desse uso, surgiu o termo maloqueiro (morador de maloca), usado como sinônimo de vagabundo, marginal.

MAMANGAVA (ou **mamangaba**) – O que rodeia. Inseto grande semelhante a uma vespa, também conhecido como zangão ou vespa-
-de-rodeio. Diz-se que tem uma ferroada muito venenosa, mas não ataca à toa. A mamangava realmente fica rodeando certas plantas e também é chamada de mangangá (vespa de voo alto, ou vespão).

MAMANGUAPE – De *maman-guá-pe* (no vale dos currais). Nome de uma cidade na Paraíba.

MAMORÉ – Onde há peixe. Nome de um rio em Rondônia.

MANACÁ – Ramalhete erguido, ou ramalhete cheiroso. Espécie de árvore em que brota uma flor muito bonita. Na época da floração, são tantas flores que até parecem ramalhetes. No Amazonas, na margem esquerda do Rio Solimões, há uma cidade que se chama Manacapuru, palavra que significa enfeitado de manacá, ou manacá enfeitado.

MANDAÇAIA – Ninho estendido. Espécie de abelha que faz ninho de barro, com uma entrada saliente, em cavidades de troncos ou galhos de árvores.

MANDACARU – Feixe espinhoso. Espécie de cacto alto, típico do Nordeste brasileiro, muito espinhento. No sertão nordestino, nos períodos de seca, em que há escassez de comida para os animais, queimam-se os espinhos do mandacaru e ele serve de alimento para o gado. A flor do mandacaru se abre somente à noite.

POLINIZADORA DO MARACUJÁ

Muitas plantas precisam de insetos que levem o pólen de uma flor à outra para que as flores se transformem em frutos. A mamangava é uma grande polinizadora. A flor de maracujá, por exemplo, é polinizada pela mamangava.

MANDAGUARI – Ninho bonito, ninho delicado. Espécie de abelha silvestre. Nome de uma cidade no Paraná.

MANDAROVÁ (**mandrová**, **mandruvá** ou **marandová**) – O que nasce em folha de árvore. Espécie de lagarta de mariposas.

MANDI – O que fere, ou bagre. Espécie de peixe de água doce. Um pescador inexperiente que tenta tirar um mandi do anzol pode até se ferir com seus ferrões perfurantes.

MANDIOCA – Existem muitas versões para o significado da palavra mandioca. Pode ser, por exemplo, o que procede de maniba (árvore de frutos), casa de Mani (deusa que se transforma nessa planta), e tem até quem traduza como casa do pão. Antigamente, a mandioca era chamada de pão dos pobres. A mandioca-mansa é a que se come cozida ou frita, que tem pouca substância tóxica (venenosa), o ácido cianídrico (HCN). A mandioca-brava, que tem muito HCN, só pode ser consumida depois de transformada em farinha. Quando se rala a mandioca-brava para fazer farinha e se espreme a massa da mandioca ralada, sai

um líquido chamado manipueira, muito venenoso, usado para fazer o molho tucupi e também um prato muito apreciado no Pará, a maniçoba. Nos dois casos, a manipueira tem de ser fervida durante muito tempo para eliminar o HCN. A mandioca-mansa também é conhecida como *aipim* ou *macaxeira*.

UMA COMIDA DADA PELOS DEUSES

Existem várias lendas indígenas sobre a origem da mandioca. Uma delas é de que uma moça, filha de um cacique, apareceu grávida. O cacique queria saber quem era o pai da criança, mas a moça afirmava nunca ter se relacionado com nenhum homem. O cacique ficou furioso, até que apareceu um homem branco dizendo que ela tinha razão, era virgem mesmo. Ela deu à luz uma menina muito branca, a quem deu o nome de Mani. Era uma menina precoce, que logo aprendeu a falar e a andar. Morreu com apenas um ano de idade e foi enterrada na própria oca, sendo sua cova regada diariamente, conforme o costume de seu povo. Ali nasceu uma planta, que cresceu e deu frutos. Um dia, a terra rachou e apareceu a raiz da planta. Julgaram reconhecer nela o corpo de Mani. Passaram a chamar a planta de *Manioca*, que quer dizer casa de Mani, pois, tirando a casca, a mandioca é bem branquinha.

MANDU – Os povos de língua tupi não conseguiam pronunciar Manuel. Assim, esse nome passou a ser Mandu.

O HERÓI LADINO

Um dos grandes heróis indígenas do Brasil foi Mandu Ladino, do Piauí. Seu povo foi exterminado pelos brancos por volta do ano 1700. Órfão aos 12 anos, o garoto foi levado a uma missão de padres capuchinhos, sendo batizado com o nome de Mandu (apesar de ele ser do povo Arani, da nação Cariri, os padres usavam o tupi para se comunicar com este e com outros povos indígenas). Lá, Mandu aprendeu português e por isso ganhou o sobrenome Ladino (essa palavra era usada para designar indígenas e escravizados negros que sabiam falar português). Mandu Ladino liderou uma grande revolta contra os brancos escravistas, venceu várias batalhas, mas acabou sendo morto pelos colonizadores, em 1719, ao atravessar a nado o Rio Parnaíba.

MANDURI – Ninho pequeno. Espécie de abelha que produz um mel muito saboroso e faz pequenos ninhos redondos.

MANIÇOBA – Folha de mandioca. Nome de uma comida típica do Pará, feita com folhas de mandioca-brava cozidas durante dias para perder o veneno. Depois, acrescentam-se carnes variadas, temperos e pimenta, cozinhando novamente. Conhecida como a feijoada paraense, essa iguaria tem cor escura e sabor exótico.

MANIPUEIRA – O que já foi mandioca. Líquido leitoso e venenoso extraído da mandioca-brava ralada. Depois de horas de fervura, o líquido perde o veneno e serve de base para fazer o tucupi, molho usado na culinária da Amazônia.

MANJUBA – Aquilo que é amarelo. Espécie de peixinho do mar.

MANTIQUEIRA – Chuva gotejante. Mas pode significar também chuva contínua, chuva que não para. Nome de uma serra situada na divisa de Minas Gerais com São Paulo, em que se localizam as nascentes de muitos córregos.

MAPINGUARI – Aquele que possui o pé torto. Ser da mitologia amazônica, temido por seringueiros, indígenas, castanheiros e ribeirinhos. Parece uma preguiça gigante e peluda, com um olho só e uma grande boca na barriga. Segundo a lenda, o Mapinguari anda pela floresta soltando urros terríveis e geralmente ataca as pessoas no fim da tarde, principalmente quando elas trabalham em domingos e dias santos. Segundo paleontólogos, existiu mesmo na região, até há cerca de dez mil anos, uma preguiça-gigante chamada mapinguari, que seria a origem dessa lenda.

MAQUINÉ – Pode ter vários significados, entre eles gota que pinga, grande ave que voa ou moita espinhosa e fedida. É também o nome tupi do passarinho chamado bicudo. Uma das grutas calcárias mais bonitas do mundo chama-se Maquiné, mas não por causa dos significados da palavra. É que ela foi descoberta pelo fazendeiro Joaquim Maria Maquiné em 1825. Peter Wilhelm Lund (1801-1880), naturalista que veio da Dinamarca e se tornou "pai da paleontologia brasileira", estudou ossos de animais e de humanos encontrados na gruta do Maquiné e em outras. Essa gruta fica em Cordisburgo (MG), terra do escritor João Guimarães Rosa. No Rio Grande do Sul, há uma cidade chamada Maquiné.

MARABÁ – Filho de estrangeiro. Há quem diga que a palavra vem de *mair-abá*, raça de francês. Em várias tribos, chamavam de marabá o filho do prisioneiro ou estrangeiro. Nome de uma cidade no Pará.

MARACÁ – Cabeça de fingimento. Tipo de chocalho feito com cabaça do tamanho de uma cabeça humana, cheia de pedras e sementes, e um cabo na parte de baixo, como se fosse o pescoço. Nos rituais indígenas de cura e adivinhação, os pajés usam maracás em que se colocam orelhas, nariz, boca, cabelos e olhos e, dentro deles, ervas secas e fumo queimando, de maneira que a fumaça sai "pelos olhos, pelo nariz e pela boca" do chocalho. Os pajés entram em transe dançando, chacoalhando os maracás e respirando essa fumaça. A palavra acabou sendo usada como sinônimo de chocalho. Nos conjuntos musicais, tiraram o acento do maracá, que virou maraca.

MARACAJÁ – Espécie de onça pequena e arisca, também conhecida como jaguatirica e gato-do-mato. Um dos significados da palavra maracajá é envergonhado, arisco. O maracajá tem a cara que lembra uma flor de maracujá, e é muito esperto. Uma de suas presas é um macaquinho chamado sagui. O maracajá sabe imitar o som do sagui para atraí-lo.

MARACAJU – Chocalho amarelo. Nome de uma serra e de uma cidade em Mato Grosso do Sul.

MARACANÃ – Semelhante ao maracá. Além de um grande e famoso estádio de futebol na cidade do Rio de Janeiro, é uma espécie de papagaio muito barulhenta. É por causa do som que esse papagaio faz que ele recebeu esse nome, que por sua vez deu nome a um bairro do Rio de Janeiro onde se localiza o estádio.

MARACATU – Dança em que os foliões saem fantasiados tocando tambores e chocalhos, mais frequentemente no carnaval, mas há grupos de maracatu também em outras épocas do ano. A música tocada por esses grupos também é chamada de maracatu. Há quem diga que a palavra é de origem africana, mas em tupi ela pode significar coisa (*mara*) boa (*catu*) ou som de maracá (*maracá-tu*).

MARACUJÁ – Coisa de sorver. O mesmo que maraú. Mas alguns dizem que essa fruta gostosa e de efeito calmante tem esse nome porque sua bela flor se parece com a cara de um maracajá.

UM SEGREDO DESSE SUCO GOSTOSO

Para quem faz suco de maracujá no liquidificador, aqui vai um conselho: não se deve bater o suco com as sementes até que elas virem pó, porque dentro delas há uma substância tóxica. Deve-se dar pequenos toques no liquidificador para que apenas a polpa seja separada das sementes e depois coar. Comer a polpa com sementes e tudo não faz mal, porque elas não se quebram no estômago.

MARACUTAIA – Negócio suspeito, algo que envolve mutreta (fraude). De *marã* (confusão, desordem), *ku* (língua, o órgão da fala) e *taiá* (pimenta).

MARAGOGI – Há muitas versões sobre o significado dessa palavra. Uma delas é que seria rio do maraú (*maraú-ji*), quer dizer, rio do maracujá. Outra é que seria rio livre, desimpedido (*morog-j-i*) e outra, ainda, rio dos franceses mortos (*mair-aqui-ji*). Nome de uma cidade em Alagoas. Na Bahia, há uma cidade chamada Maragogipe (no rio dos maracujás), lugar onde morou o lendário Caramuru.

MARAJÓ – Anteparo do mar. Pertencente ao estado do Pará, Marajó, na foz do Rio Amazonas, é a maior ilha do mundo localizada em estuário de rio.

MARAMBAIA – Cerco do mar, língua de areia cercando o mar, restinga. Os indígenas chamaram um lugar parecido com esse, no Rio de Janeiro, de Marambaia, simplesmente. Mas os brancos acrescentaram o sinônimo em português, restinga, e ficou sendo Restinga da Marambaia, o que significa "restinga da restinga".

MARANGUAPE – No vale da batalha, ou no vale da guerra. Palavra formada por *marã* (guerra, batalha, luta), *guá* (baixada, vale) e *pe* (em, no). Nome de uma cidade cearense.

MARANHÃO – Grande caudal (descarga fluvial) que parece o mar. Semelhante ao mar.

MARAÚ – Coisa de sorver. Nome de cidades no Rio Grande do Sul e na Bahia. O mesmo que *maracujá*.

MARICÁ – De *mari* (planta conhecida como cássia). Espécie de cássia espinhosa, usada para fazer cerca viva. Nome de uma cidade no Rio de Janeiro.

MATRINXÃ – O que escapa da linha (de anzol). Espécie de peixe encontrada nos rios Amazonas, São Francisco e Paraguai.

MAUÁ – O que é alto, elevado. Nome de um povoado no Rio de Janeiro, na Serra da Mantiqueira, na divisa com Minas Gerais. Nome de uma cidade da região metropolitana de São Paulo.

MBOY – Cobra. Pela dificuldade de pronunciar as palavras de origem tupi que se iniciam com as letras MB, em vários lugares *mboy* acabou virando *embu*. Na região metropolitana de São Paulo estão as cidades de Embu e de Embu-Guaçu (cobra grande). Na cidade de São Paulo existe a avenida M'Boi Mirim (cobra pequena), mas as pessoas pronunciam *eme* boi mirim.

MEARIM – Rio do povo (*mbiá-r-y*). Mas pode vir também de *mbiar-y* (rio onde se pega presa), daí há uma interpretação de que seja rio dos prisioneiros. Nome de um rio no Maranhão. Em Guarapari (ES) existe um riacho e um povoado chamados Meaípe, palavra derivada de Mearim, que também significa rio do povo.

MERUIM (**maruim** ou **meruí**) – De *mberu-i* (mosca pequena, mosquitinho). Muitas moscas com até 2 milímetros de comprimento têm esse nome. Em Sergipe, há uma cidade chamada Maruim. A palavra sofre mudanças conforme a região, mantendo o mesmo sentido: no estado de São Paulo existe uma cidade chamada Birigui; e em Curitiba está o parque do Barigui. No Ceará há uma serra chamada Meruoca (casa das moscas).

MICUIM – Piolho pequeno. Espécie de ácaro que se parece com um pequeno carrapato e provoca coceira.

MINAÇU – *Mina* é lança. *Minaçu* é lança grande. Nome de uma cidade goiana.

MINGAU – Comida visguenta.

MINHOCA – O que é arrancado. Os pescadores devem saber disso, pois eles têm que "arrancar" minhocas do chão.

MIRA – Pessoa, gente. Alguns lugares têm a palavra *mira* em seu nome. Por exemplo: Miracatu (SP) é gente boa; e Miracema (RJ) vem de *mira* (gente) e *cema* (saída), lugar de onde sai gente. Para o nome da cidade de Miraí (MG), há duas versões: seria gente (*mira*) pequena (*im*), ou *mirá* seria uma alteração de *pirá* (peixe), e seu nome significaria peixe pequeno.

MIRIM – Quem joga numa equipe mirim de futebol, vôlei, basquete ou qualquer outro esporte deve saber que mirim significa pequeno, ou seja, infantil. Mirim aparece na composição de vários topônimos.

MIRUNA – Pessoa de pele negra.

MOACIR – O que faz sofrer, o doloroso. Será que algum galã tupi ganhou esse nome por despertar paixões nas mulheres? O nome Acir é uma redução de Moacir.

MOCÓ – Bicho que rói. Espécie de mamífero, pequeno roedor, do tamanho de um preá. No Nordeste, muitas pessoas comem mocó. A palavra é usada também como sinônimo de feitiço. E, de uns tempos para cá, virou sinônimo de esconderijo. Surgiu até um verbo, mocozear (muita gente pronuncia mocozar), que significa esconder alguma coisa muito bem.

MOCOCA – Fazer roça, roçado, plantação. Nome de uma cidade paulista.

MOCOTÓ – O que faz balançar, articulação, junta, tornozelo, a pata dos animais (principalmente em referência à pata do boi) sem o casco. Do mocotó se fazem uma ótima geleia e também um caldo forte e nutritivo. Durante um período, usou-se a palavra mocotó para designar pernas grossas.

MOEMA – Exausta, desfalecida ou dócil. Nome lendário de uma das mulheres de Caramuru. Ver *Caramuru*.

MOGI (ou **moji**) – Rio das cobras, ou rio que serpenteia. De *mboy* (cobra) e *y* (água, rio), usada para designar rios cheios de meandros, cheios de curvas. Algumas cidades paulistas com o nome Mogi são: Mogi Mirim (pequeno rio que serpenteia), Mogi Guaçu (grande rio que serpenteia) e Mogi das Cruzes, em que se mistura uma palavra tupi (Mogi) com outra portuguesa (Cruzes).

MOMBUCA (**mumbuca**, **mubucão** ou **mambuca**) – Furo ou rachadura; usado também como verbo (furar, rachar). Espécie de abelha melífera silvestre que faz ninho em ocos de árvore ou no chão. Por isso, também é conhecida como abelha-do-chão ou papa-terra.

MONGAGUÁ – Pegajoso, viscoso, lama pegajosa. Nome de uma cidade no litoral paulista.

MOOCA – Fazer casa. Quando imigrantes italianos chegaram a uma área no atual início da zona leste da cidade de São Paulo, construíram um bairro rapidamente. Os indígenas se admiraram ao ver aquele pessoal fazendo casas sem parar, e assim o bairro ganhou o nome de Mooca. Mas há outra versão para o nome do bairro. Viria de *mum* (parente) e *oca* (casa), significando casa de parente.

MOQUEAR – Assar ou secar peixe (ou carne) no moquém (grelha). Há pessoas que pronunciam "mosquear", palavra que no dicionário tem significados totalmente diferentes: afugentar moscas ou salpicar-se de tinta. Uma ilha perto de Belém (PA) chama-se Mosqueiro por ser um antigo local de moquear peixe. Algumas pessoas acreditam que a origem desse nome tem algo a ver com moscas.

MOQUECA – Os povos indígenas chamavam de moqueca o peixe temperado, envolvido em folha de bananeira e assado na brasa. Com o tempo, a palavra foi mudando de sentido e passou a designar um tipo de ensopado, principalmente de peixe, mas hoje em dia também de camarão ou siri.

QUAL É A MELHOR?

Baianos e capixabas disputam quem faz a melhor moqueca. A baiana leva azeite de dendê, a capixaba não. Os capixabas dizem: "Moqueca é capixaba, o resto é peixada". Por falar nisso, não ouse chamar de peixada uma moqueca no estado do Espírito Santo. Isso pode causar briga.

MOQUÉM (ou **muquém**) – Que seca ou assa, secador, assador. Grelha para assar carne ou peixe, ou para secar peixe. Dessa palavra surgiu o verbo moquear.

MORANGA – Forma derivada de *poranga* (bonito). Abóbora de forma anelada, comumente usada para fazer com carne--seca ou camarão, cortando-se só a parte de cima, retirando as sementes e colocando os ingredientes dentro dela. Em algumas regiões é conhecida também como moganga ou mogango. Algumas pessoas a utilizam fazendo boca, nariz e olhos nela e colocando uma vela dentro para assustar as pessoas.

MORUBIXABA – Cacique. Segundo alguns, a palavra significa "o vigilante da terra". De acordo com outros, "o que possui grandeza em si". Na gíria, pode significar também mandachuva, ou seja, quando se diz que alguém é o morubixaba do lugar, quer dizer que ele é o maioral dali. O mesmo que *tuxaua*.

MORUMBI – Colina verde, ou colina azul. Muitos povos indígenas não diferenciavam o verde do azul, pois consideravam o azul uma tonalidade do verde (assim como os japoneses). Nome de um bairro na cidade de São Paulo onde se localiza o Palácio dos Bandeirantes, sede do palácio do governo estadual. No mesmo bairro fica o estádio do Morumbi.

MORUNGABA – Ver *porangaba*.

MOSSORÓ – Corte, ruptura, erosão. Na Paraíba, chamam de mossoró (ou moçoró) um vento que vem do norte. Nome de uma cidade e de um porto no Rio Grande do Norte.

MUAMBA – Produto de assalto ou de roubo; artigo contrabandeado. Alguns afirmam que é uma palavra de origem africana, e não tupi.

MUÇUM – Escorregadio. Espécie de enguia de água doce, também conhecida como peixe-cobra.

MUCURI – Mucura, ou mocura, um dos nomes do gambá, significa o que esconde dentro de si (a fêmea do gambá tem uma bolsa no ventre, onde carrega os filhotes, do mesmo modo que o canguru). Nome de um rio que nasce em

Minas Gerais e deságua na Bahia. Nome de uma cidade baiana. Espécie de árvore que chega a 40 metros de altura, de madeira muito dura. Em Fortaleza há uma praia chamada Mucuripe, nome que significa no rio dos gambás.

MUIRAQUITÃ – Nó de gente, ou botão de gente. Amuleto indígena de madeira ou pedra, geralmente em forma de animais (sapo, tartaruga, peixe etc.) e, mais raramente, de pessoas.

MUNDAÚ – Bebedouro dos ladrões. De *mondá* (roubar) e *y* (água). Nome de um rio que passa pelos estados de Pernambuco e Alagoas. Espécie de arbusto muito frequente nas margens dos rios, também conhecido como cabuim e carrapato-do-mato.

MUNDÉ (**mondé** ou **mundéu**) – Fazer sobrepor, o que se alça, quer dizer, alçapão. Pode ser armadilha para caça em geral, usada também na pesca. A palavra é usada ainda para designar qualquer construção que ameaça desmoronar. Como variante de "mundão", o termo mundéu é usado com o significado de grande quantidade. Em certas regiões de Goiás e Tocantins, mundé é sinônimo de queixada.

MUQUIRANA – De *muqui* (micuim) e *rana* (semelhante). Semelhante ao piolho de pele. Espécie de inseto. Mas a palavra tornou-se sinônimo de sovina, pão-duro, pessoa que odeia gastar dinheiro.

MURIAÉ – Mosca, mosquito. Mas há outra versão para o significado dessa palavra, que seria derivada de *buriaé* (fruta doce). Nome de uma cidade mineira. Nome de um rio que nasce em Minas Gerais e deságua no Rio Paraíba do Sul (RJ).

MURIBECA – Mosca que incomoda, que importuna e enche a paciência. Nome de uma cidade em Sergipe. Existem vários povoados brasileiros com o nome Muribeca.

MURICI – Que tem resina pegajosa. Espécie de árvore que dá um fruto comestível, também chamado de murici, baga-de-pombo, baga-de-tucano ou pessegueiro-do-mato, do qual se pode também fazer refresco e doce. Mas quem não é acostumado a comer murici, se exagerar, é diarreia quase certa. Há um ditado usado quando alguém quer tirar o corpo fora em situações difíceis, deixando a encrenca para os outros: "Tempo de murici, que cada um cuide de si". Nome de uma cidade em Alagoas.

MURIÇOCA – Pernilongo, mosquito. De *mberu* (mosquito) e *soka* (que fura). O inseto fura mesmo a pele e incomoda. Na Amazônia, é chamado de carapanã.

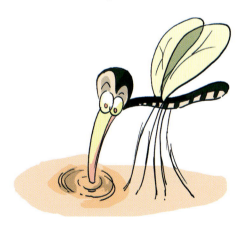

MURUNDU (ou **morundu**) – De *mó-r-undu* (faz que avise). A palavra era usada para designar um pequeno monte de terra e para cupinzeiro, mas na gíria significa um monte de qualquer coisa. Você pode dizer, por exemplo, que tem um murundu de livros. Pejorativamente, o termo é usado como sinônimo de pessoa gorda, barriguda.

MUTIRÃO (ou **puxirão**) – Fazer junto. Ajudar, socorrer. Trabalho coletivo.

SOLIDARIEDADE COM ALEGRIA

Se uma família tem a roça no ponto de fazer a colheita, mas não tem pessoal suficiente para isso, nem tem dinheiro para contratar trabalhadores, o que fazer? Amigos e vizinhos se reúnem e vão lá um dia fazer todo o trabalho de graça. Trabalham cantando, alegres, e no fim do dia o amigo que recebeu a ajuda oferece uma festa em sua casa, com comida, bebida, música e dança. E, quando for preciso, ele também vai ajudar os outros. Isso é o mutirão, que tem muitos sinônimos pelo Brasil, entre eles ajutório, arrelia, batalhão e até "traição" (porque chegam de repente à casa de quem vai receber a ajuda, sem avisar). Em cada lugar existe (ou existia) uma música típica para mutirões. É uma pena que haja cada vez menos esse tipo de solidariedade, mas ela ainda existe, inclusive nas cidades, quando alguém precisa, por exemplo, construir uma casa. Os amigos fazem um mutirão, vão lá e ajudam, só que sem a cantoria e às vezes sem festejos.

MUTUCA – Ver *butuca*.

MUTUM – Ave preta. Espécie de ave muito comum no Brasil, atualmente ameaçada de extinção, da ordem galiforme, de bico curto, penas fortes, pés adaptados para ciscar e correr e asas curtas, como a galinha. Outras aves dessa ordem são o peru e o faisão.

NARANDIBA – Laranjal. No Brasil, não existia laranja, fruta que foi trazida pelos europeus. Os povos de língua tupi não conseguiam pronunciar "laranja" (pois a letra L não existe em tupi). Para eles, a fruta se chamava *narã*. Diba é uma variação de *tiba*, sufixo usado como coletivo. Nome de cidades em São Paulo, Minas Gerais e Paraná.

NATUBA – Ananasal, ou abacaxizal. Natuba é coletivo de ananás (abacaxi). Nome de uma cidade na Paraíba, estado brasileiro que já foi o maior produtor de abacaxi. Nome de riachos na Bahia e em Pernambuco.

NHAMBU (**inhambu** ou **nambu**) – O que levanta voo a prumo (*y-nhá-bu*), ou o que surge fazendo algazarra, fazendo barulho (*y-nhã-bu*). Espécie de ave brasileira da família da perdiz. Espécie de planta conhecida como agrião-do-pará ou mastruz. Mamoneira. O mesmo que *jambu*.

> **AVES E MAMONA**
>
> Existem muitas aves chamadas inhambu (ou nhambu). Por exemplo: nhambuaçu é o nhambu grande; inhambupixuna é o preto; nhambuxintã é o do bico duro; nhambuxororó é o sussurrante. Existem também duas plantas chamadas de nhambu. Uma é o agrião-do-pará e a outra é a mamoneira, ou carrapateira. A mamoneira (que dá a mamona) não é nativa do Brasil, mas, sim, da África e da Ásia. Foi trazida há muito tempo e ganhou o nome de nhambu porque essa palavra pode significar também noz que arrebenta (*nhá-mbu*). Depois de seca, com o calor, a mamona arrebenta e dela saem sementes grandes, parecidas com grandes carrapatos. Daí o outro nome, carrapateira.

NHAMUNDÁ – Aquele que furta, ladrão. Nome de cidades no Pará e no Amazonas. Nome de uma nação indígena da Amazônia. O mesmo que *jamundá*.

NHANDEARA – Nosso Senhor. É uma composição de palavras tupis (*yandê-jara*), mas a expressão foi criada por padres, pois esses povos não tinham esse conceito. Nome de uma cidade paulista.

NHANDU – Que corre, veloz. De *nhã-du(tu)*. O nome indígena da ema. Nhanduí ou nhanduim pode significar ema pequena ou rio da ema. Mas nhandu pode vir também de *nhã-andu(ba)*, que quer dizer a que sente, sensitiva. Nome genérico da aranha. A teia de aranha é *nhanduti*. No Paraguai existe a tradição de fazer uma renda finíssima, a que chamam de nhanduti.

NHENHENHÉM – De *nheeng* (falar). Assim, nhenhenhém é falar, falar, falar... Ou seja, teimar, ficar falando sem parar, resmungando.

NITERÓI – Mar escondido, ou baía sinuosa. Nome de uma cidade fluminense que foi capital do estado quando a cidade do Rio era a capital do Brasil (e depois virou estado da Guanabara). Quando a cidade do Rio de Janeiro se juntou ao estado da Guanabara, Niterói deixou de ser capital.

NUPORANGA (**nhuporanga** ou **nhuporã**) – Campo belo. Nome de uma cidade em São Paulo. No Rio Grande do Sul há um povoado chamado Nhuporã.

OCA – Casa, cabana. Casa construída com madeira e fibras vegetais usada pelos indígenas brasileiros como habitação de uma ou mais famílias.

OCARA – Praça. Nas aldeias indígenas, as malocas (casas coletivas) ficam em volta de um terreno grande chamado ocara, uma praça.

OITI (ou **uiti**) – Massa apertada, comprimida. Espécie de árvore. A polpa da fruta do oiti é uma massa granulosa, úmida e rija. A ponta da flecha também é chamada de oiti, ou uiti.

OITICICA – Oiti grudento ou oiti resinoso. Espécie de árvore cujas sementes são ricas em óleo, usado na fabricação de tintas e vernizes. Virou sobrenome.

OURICURI (**uricuri** ou **aricuri**) – O que dá frutos continuamente. Espécie de palmeira.

UM OURICURI DIFERENTE

Os indígenas da nação Fulniô, de Pernambuco, têm uma festa anual chamada ouricuri. Nessa ocasião, eles se mudam para uma aldeia em que os homens ficam separados das mulheres e passam meses ali, mas não contam a ninguém que não seja Fulniô o que acontece nesse período. Acredita-se que, além de festejar, eles recebam mensagens de Jurupari, o grande deus de muitos povos indígenas.

PACA – Alerta, ágil. Animal que vive no mato e tem hábitos noturnos. Muito caçado por sua carne de sabor parecido com a de porco, é um mamífero roedor, muito esperto.

VOCÊ GOSTA DE PAQUERAR?

Os caçadores de paca montavam armadilhas e ficavam um tempão esperando uma chance de pegar o bicho. Desse método de caça surgiu a palavra paquera e o verbo paquerar, que virou sinônimo de flertar, demonstrar intenção de namoro. Algumas cidades têm nomes relacionados com paca. No Ceará, por exemplo, tem Pacajus (pacas amarelas) e Pacatuba (lugar onde tem muitas pacas). Pacatuba também é uma cidade de Sergipe.

PACAEMBU – Você já pensou em jogar futebol num lugar chamado Riacho das Pacas? Saiba que esse é o sonho de muita gente: pois riacho das pacas é o significado da palavra Pacaembu, nome de um bonito e tradicional estádio de futebol de São Paulo, onde foram disputados vários jogos da Copa do Mundo de 1950, considerado o maior estádio de futebol de São Paulo durante muito tempo. O bairro em que ele se localiza também se chama Pacaembu e já existia antes do estádio.

Paçoca Pamonha

PAÇOCA – Aquilo que é socado, pilado. A paçoca mais comum é a de amendoim, mas existe outra muito apreciada, feita de carne (geralmente seca) socada no pilão com farinha (de milho em alguns lugares, de mandioca em outros), sal e temperos.

PACOVA (ou **pacoba**) – Banana.

A BANANA É BRASILEIRA?

No Brasil, segundo alguns pesquisadores, só existia a banana-da-terra antes da chegada dos portugueses. As bananas hoje mais comuns, como a prata e a nanica, teriam sido trazidas do Sudeste Asiático. Não há concordância sobre esse fato, mas os portugueses já faziam a tal "globalização" há muito tempo, na época das grandes navegações: levaram do Brasil para vários lugares o abacaxi, o caju, o maracujá, a mandioca, o feijão, o amendoim etc. e trouxeram da Ásia a manga, o arroz, o coco, a jaca, a pimenta-do-reino, a canela e algumas variedades de banana. Da África veio o dendê, da Europa vieram muitas verduras (como a alface, o repolho, a couve), do Oriente Médio veio a laranja. Assim como algumas pessoas chamam de "banana" uma pessoa molenga, em certos lugares o adjetivo para palerma, moleirão, é "pacova".

PACU – Rápido no comer, que come depressa. Espécie de peixe relativamente grande e gordo existente em muitos rios brasileiros.

PACUERA – Entranhas, intestinos, fressura (vísceras) de animais como vaca, porco e carneiro. Na gíria, bater a pacuera é morrer.

PAIÇANDU (**paissandu** ou **payssandu**) – Ancião gago ou sacerdote gago, mas pode significar também ilha do gago. Um dos times que tem a maior torcida do Pará chama-se Paysandu.

PAJÉ – Na língua tupi, significa profeta, mas suas funções são muito variadas; o pajé tem que ter muita sabedoria, pois, além de ser líder espiritual ele é o médico da tribo, o curandeiro. Ele "fala" com os espíritos e tem que conhecer as plantas medicinais e seu preparo para curar doenças. Por tudo isso ele tem grande autoridade, tanto que em alguns lugares a palavra virou sinônimo de mandachuva.

PAJELANÇA – Ritual dos pajés, com o objetivo de cura ou magia (por exemplo: fazer previsões). É uma mistura de tupi com português: *pajé*, do tupi; e o sufixo *lança*, português (como em comilança). Em alguns lugares da Amazônia chamam de pajelança qualquer tipo de benzedura.

PAJEÚ – Rio do pajé, rio do feiticeiro. Existem vários rios e povoados chamados Pajeú.

PAMONHA – Enrolado e cozido. Iguaria deliciosa feita de milho, enrolada na palha do milho. Como a pamonha é um tanto mole (embora possa ser consistente), a palavra passou a ser usada também para falar de pessoas lerdas, preguiçosas ou meio bobas.

PANAMÃ (**panamá** e **panapanã**) – Borboleta ou mariposa. Panapaná se baseia no bater das asas das borboletas. Panambi, nome de uma cidade gaúcha e de um bairro paulistano, vem de *panamã-i*, que significa borboleta pequena, ou rio das borboletas.

PANEMA – Infeliz na caça ou pesca. Mas a palavra assumiu outros significados. Por exemplo: quando alguém diz que anda meio panema quer dizer que está meio doente. E, na composição de nomes de lugar, significa ruim, imprestável, inútil, pobre. É o caso do Rio Paranapanema (na divisa do Paraná com São Paulo), que quer dizer grande rio ruim (para a pesca ou para a navegação). Em guarani, não se pronuncia a última sílaba, é apenas *panê*.

PAQUETÁ – As pacas. Cidade do Piauí. Existem vários lugares chamados Paquetá, o mais famoso é a Ilha de Paquetá, que fica na Baía de Guanabara. Ela recebe muitos turistas e ambientou o romance *A Moreninha*, de Joaquim Manuel de Macedo.

PARÁ – Rio muito volumoso, em tupi, ou mar, em guarani. O estado do Pará é cortado pelo Rio Amazonas, que é muito volumoso e chamado de rio-mar.

PARÁ NOS RIOS, NAS CIDADES E ATÉ NUMA MULHER

Existem muitos rios e cidades com nomes iniciados pelo prefixo pará. Paraopeba (MG) e Parauabebas (PA) têm o mesmo significado, rio raso; Paracatu (MG) é rio bom; Paracuru (CE) é cascalho do mar; Paraitinga (SP) é rio branco; Paraibuna (SP) é rio preto, rio escuro; Paraim (existem vários riachos com esse nome) é rio pequeno; Paraguaçu (existem muitos) é rio grande ou mar grande; Paraju (ES) é rio amarelo; Paranoá (DF e GO) é rio crescido. Paraguaçu é também nome próprio, mas com outro significado.

PARAGUAÇU – A filha de um chefe Tupinambá que se casou com o lendário Caramuru (apelido do náufrago Diogo Álvares) chamava-se Paraguaçu. Mas nesse caso esta palavra não significa rio grande. Provavelmente o nome dela veio de *Paraguá-açu*. *Paraguá* é coroa, cocar; *açu* e *guaçu* são palavras derivadas de *uaçu* que, além de grande, podem significar vistoso. Então, seu nome significa cocar vistoso. Ela usava mesmo um cocar assim. Depois foi batizada com o nome de Catarina. Ver *Caramuru*.

PARAGUAI – Rio dos papagaios.

PARAÍBA – Rio ruim. O nome se deve a trechos ruins para navegar.

PARANÁ – Que é semelhante ao mar, ou seja, rio muito grande. Estado do Sul do Brasil, recebe esse nome depois do encontro dos rios Grande e Paranaíba. Perto da foz, que fica entre a Argentina e o Uruguai, ele se encontra com os rios Paraguai e Uruguai e passa a se chamar Rio da Prata.

PARANÁS POR TODO O BRASIL

A palavra paraná aparece muito em nomes de rios ou localidades. Às vezes é alterada para paranã, parná, pernã, ou maranã, e também significa mar. Paranaguá (PR) é enseada do rio grande ou do mar; Paranaíba (GO, MG e MS) e Parnaíba (PI e MA) têm o mesmo significado, é rio ruim, rio impraticável; Paranapiacaba (SP) é lugar de onde se avista o mar; Ji-Paraná (RO) é rio das rãs; Pernambuco é furo do mar, ou mar furado; Maranhão é mar corrente, grande rio que parece mar; Parnamirim (PE e RN) é rio pequeno, ou mar pequeno.

PARATI – Peixe narigudo, tainha. Pode significar também mar calmo. Cidade histórica do litoral do estado do Rio de Janeiro. Até o início do século XX, o município de Parati era um grande abastecedor de cachaça para a cidade do Rio de Janeiro, que era capital do Brasil. Lá, parati virou sinônimo de cachaça.

PARI – Em volta, coisa curva. Armadilha feita de varas para pegar peixes. É como um curral dentro da água. Em alguns lugares usam a palavra como sinônimo de pesqueiro. Existem muitos lugares chamados Pari, inclusive um bairro na região central de São Paulo. No estado de São Paulo há uma cidade chamada Pariquera--Açu, que quer dizer grande pari abandonado.

PATATIVA – Cantor de voz maviosa. Nome de uma espécie de pássaro.

PATUÁ – Amuleto feito de pano ou couro, com orações ou pequenos objetos dentro, que se usa geralmente pendurado no pescoço para dar sorte, proteger contra mau-olhado ou agressões. É também chamado de "bentinho".

NÃO ERA SUPERSTIÇÃO

Antigamente patuá era o nome de um tipo de bolsa de couro ou pano que se leva a tiracolo.

A palavra era inicialmente usada para dar nome a cestos feitos com fibras de uma palmeira chamada *paty*, também conhecida como catulé. A fibra dessa palmeira era muito usada para fazer redes de dormir.

PATURI – Que bate na água. Espécie de ave conhecida como marreca e também chamada de irerê, pato-de-crista e bico-roxo.

PE – Sufixo que entra na composição de muitas palavras e muitos nomes de cidades, às vezes com a terminação *aípe*, *ipe*, *ibe* ou *ape*, conforme a palavra que antecede o sufixo. O sufixo significa "em" ou "no". Veja alguns exemplos: Mataripe (localidade na Bahia) significa no da mata (aí há uma mistura de tupi com o português "mata"); Jaguaribe (rio do Ceará) e Jaguaripe (cidade da Bahia) têm o mesmo significado: no rio das onças; Coruripe (cidade de Alagoas) quer dizer no dos pedregulhos; Meaípe (cidade capixaba) significa no do povo; e Iguape (cidade paulista) quer dizer na enseada do rio.

PÉ – Usado como sufixo, é o mesmo que *apé*. Pé pode significar também iluminar, aquecer, ou, às vezes, ser apenas uma redução de *peba*. O mesmo que *apé*.

PEABIRU – Caminho estreito, ou caminho conservado.

UM BAITA CAMINHO ATÉ OS ANDES

Os Guarani do Sul do Brasil mantinham contato com os Incas por um caminho. Eles saíam de diferentes locais do litoral de São Paulo e Santa Catarina, encontravam-se no interior do Paraná, formando um caminho único que seguia para o Paraguai e dali penetravam na Bolívia, indo até onde fica a cidade de Potosí. Parece lenda, mas esse caminho existiu, chamava-se Peabiru. O povo Guarani sabia que lá se localizava uma montanha de prata, o que posteriormente foi confirmado. Algumas expedições espanholas tentaram chegar lá pelo Peabiru, mas foram barradas por povos indígenas que habitavam as regiões cortadas por ele. No entanto houve quem conseguisse fazer esse caminho, geralmente com apoio indígena. Um deles, que não fez o caminho todo, foi o espanhol chamado Cabeza de Vaca, que foi o primeiro governador de Assunção, no Paraguai.

PEBA (ou **peva**) – Achatado, liso ou raso (no caso de rios). Entra na composição de várias palavras, como boipeva (cobra chata ou achatada), incluindo nomes de cidades, como Itapeva (SP), que significa pedra chata, e Paraopeba (MG), que é rio de águas rasas.

PEQUI (**piqui** ou **piquiá**) – Casca áspera, espinhenta. É o fruto do pequizeiro. Tem sabor exótico, agradável, mas é preciso cuidado ao comê-lo, pois tem muitos espinhos minúsculos. É comido cozido e faz parte de muitos pratos da região do Cerrado (principalmente no Centro-Oeste). O licor desse fruto também é muito saboroso, e a flor do pequizeiro é bem bonita. O pequi é muito rico em vitamina A, que faz bem para a visão.

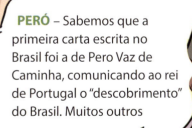

PEQUIRA (ou **piquira**) – Peixe tenro, pequeno. Cavalos pequenos (não tanto quanto os pôneis) são chamados de piquira.

PEREBA (ou **bereba**) – Ferida com casca. Em alguns lugares, é chamado de pereba o sujeito que é ruim na profissão ou em outras atividades. No futebol, pereba é um jogador perna-de-pau, grosso. Chamam de perebento quem tem muita pereba, e também o sujeito chato, que incomoda os outros.

PEREQUÊ (ou **piraquê**) – Peixe que entra. É o estuário por onde o peixe entra para desovar ou para comer. Vários rios e lugares chamam-se Perequê. Uma cidade goiana chama-se Piraquê. Que tem o mesmo significado, mas pode também ser uma variação de poraquê. A entrada nos estuários, feita por grandes cardumes, pode ter muito barulho, parecendo que os peixes estão brigando. Por isso, perequê significa também confusão, situação confusa em que há barulho e briga.

PERI (ou **piri**) – Junco, esteira. No romance *O Guarani*, de José de Alencar, Peri é o nome do jovem herói.

PERNAMBUCO – Furo do mar, ou mar furado. O Rio Beberibe ("rio que vai e vem", porque as águas se movimentam em sentido contrário, quando a maré sobe), um dos que banham o Recife, deve ter influenciado para que Pernambuco recebesse esse nome, porque a água do mar sobe por esse rio durante a maré alta.

PERÓ – Sabemos que a primeira carta escrita no Brasil foi a de Pero Vaz de Caminha, comunicando ao rei de Portugal o "descobrimento" do Brasil. Muitos outros

portugueses chamados Pero vieram para cá. Tantos que os indígenas de língua tupi, brincalhões, chamavam todos os portugueses de Peró (eles não falavam Pero).

PEROBA – Ipê amargo.

PETECA – De *pe-tek*, bater com a palma da mão. Esse jogo divertido, esporte muito praticado em alguns lugares, principalmente em Belo Horizonte (MG), era uma brincadeira indígena.

PIÁ – Coração, estômago, entranhas. É costume chamar de piá (principalmente no Rio Grande do Sul) a criança pequena, o filho.

PIABA – Que é manchado ou pintado. Espécie de peixe de rio, o mesmo que piau ou piapara. Mas, se alguém lhe disser que vai lhe dar uma piaba, não tenha certeza de que vai ganhar um peixe: piaba é também sinônimo de surra ou de coisa de pouco valor.

PIAÇAVA (ou **piaçaba**) – Espécie de palmeira nativa do Brasil. Sua fibra é usada para fazer vassoura. A palavra piaçaba (que significa amarrilho ou atadura) é muitas vezes confundida com *peaçaba*, que significa onde o caminho chega, ou porto.

PIATÃ – Pé firme, firmeza, fortaleza. Nome de uma cidade baiana e de uma praia de Salvador.

PIAU – Pele manchada. Espécie de peixe de rio. É o mesmo que piaba ou piapara. Piauí significa rio dos piaus.

PICUÁ – Cesto, balaio. Quando uma pessoa chata fica incomodando, em alguns lugares, costuma-se dizer a ela: "Não encha o picuá".

PICUMÃ – Fuligem. A fumaça dos fogões de lenha solta uma substância preta que gruda nas paredes, nos telhados e também em teias de aranha. As teias de aranha com essa fuligem também são chamadas de picumã, e alguns curandeiros antigamente a usavam para fazer certos curativos, que, segundo os médicos, em vez de curar pioravam os ferimentos.

PINDAÍBA – De *pindá* (anzol) e *iba* (ruim). Anzol ruim.

NA MAIOR POBREZA!

Quem tem um anzol (*pindá*) ruim (*iba*) num lugar em que o alimento principal é o peixe, está mal, não tem nem o que comer. Por isso, quando alguém diz que está na pindaíba, está muito mal de situação, na maior miséria.

PINDAMONHANGABA – Lugar onde os homens fazem anzol, quer dizer, fábrica de anzol. Nome de uma cidade paulista.

PINDARÉ – Que é próprio do anzol, pescado. Pode ser também anzol diferente. Antes da chegada do europeu, não existia aqui anzol feito de metal. Então passaram a chamar esse anzol trazido pelos brancos de pindaré.

PINDOBA – Espécie de palmeira, a folha desta planta. Seu nome pode vir de *pind'oba*, que significa folha de anzol, porque do talo da pindoba se faz anzol para pescaria.

PINDORAMA – Muitas palmeiras, ou terra das palmeiras. É como os povos de língua tupi se referiam ao Brasil.

PIPOCA – Pele arrebentada. Vem de *pi* (pele, couro) *poc* (arrebentar). Dessa palavra surgiu, em português, o verbo pipocar, que originalmente era só arrebentar como pipoca, saltar em borbotões, mas depois arrumaram outro sentido para ele: no futebol, quando se diz que um jogador pipocou, é que ele teve medo de disputar uma jogada, amarelou, acovardou-se.

PIRÁ – Peixe. Mas só das espécies que não têm escamas, como a piracanjuba (peixe amarelo), a piranha (peixe dentudo), o pirapitanga (peixe avermelhado) e o pirapitinga (peixe branco). Os peixes com escama são chamados de cará e acará.

PIRACEMA – Saída do peixe. Muitos peixes, como o dourado, costumam subir os rios para desovar perto das nascentes. Formam grandes cardumes rio acima. É a piracema. É um espetáculo vê-los ultrapassar pequenas cachoeiras.

PIRAJÁ – Viveiro de peixe. Também é nome próprio.

PIRAMBOIA – *Pirá* é peixe e *mboy* é cobra, então piramboia é peixe-cobra, enguia. Este peixe existe na Amazônia e no Rio Paraguai. Na estação seca, ele se enterra no barro.

PIRÃO – Papa grossa (*pirõ*). Alimento de origem indígena. O pirão mais comum é o de farinha de mandioca escaldada com caldo de peixe.

FRANCESES APRENDERAM NO BRASIL

A palavra pirão veio do tupi e vai além do português: o *purê*, palavra francesa, vem de *pirõ*. Os franceses aprenderam a fazer essa "papa grossa" no Brasil e passaram a fazê-la com batata. Hoje existe purê de mandioquinha, de cenoura...

PIRAQUARA – Toca de peixe, pesqueiro. Com o significado adaptado para "comedor de peixe", é uma variante da palavra caipira, para identificar moradores da região do Rio Paraíba, no estado de São Paulo.

CIDADES-PEIXES

Muitos rios e cidades do Brasil têm nomes iniciados por pira. Veja algumas dessas cidades: Piracaia (SP) significa peixe frito ou queimado; Piracicaba (SP) é o lugar onde se pega peixe facilmente; Piraí (RJ) é rio do peixe; Piraju (SP) é peixe dourado; Pirajuí (SP) é rio do peixe dourado; Pirassununga (SP) é barulho de peixe; Pirapora (MG e SP) é morada do peixe; Piratini (RS) e Piratininga (antigo nome da cidade de São Paulo) têm o mesmo significado: peixe seco.

PIRARUCU – Peixe da cor do urucum, peixe avermelhado. Uma das maiores espécies de peixe de água doce da bacia do Rio Amazonas, apelidado de "bacalhau brasileiro", porque é costume salgar e secar sua carne. Há restaurantes que servem pirarucu como se fosse bacalhau. A língua do *pirarucu*, depois de seca, serve como ralador, e a escama, que é bem grande, também depois de seca, é usada como lixa de unha.

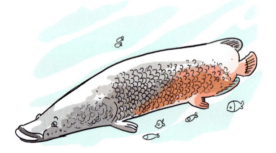

PIRIRI – Corredeira. Também é sinônimo de diarreia. Piriri é um arbusto conhecido como canudo-de-pito. Esse arbusto tem os galhos ocos, muito usados como canudo dos cachimbos de barro. E mais: piriri pode ser também rio dos juncos. O mesmo que *bariri*.

PIROCA – Careca, calvo.

PIRUÁ – Pele que se levanta (pele que vira bolha). Milho de pipoca que não arrebenta. Certos povos chamavam o umbigo de piruá.

Em alguns lugares, piruá é sinônimo de brotoeja e espinha.

PITANGA – Vermelho, corado. É uma frutinha vermelha muito saborosa. Aparece também na composição de várias palavras, às vezes com sons diferentes, como pitã, puitã, piranga ou puitanga. Ibirapitanga (madeira vermelha) é um dos nomes indígenas do pau-brasil; Ibirapuitã (também madeira vermelha) é uma cidade gaúcha; pirapitanga é o nome de um peixe vermelho; Jaguapitã (cachorro avermelhado – jaguar é onça, e também cachorro) é uma cidade paranaense; Ipiranga é rio vermelho; e guarapiranga é garça vermelha.

PITANGUI – Rio das pitangas, ou menino muito pequeno. Nome de uma cidade em Minas Gerais.

PITAR – Fumar. De *petim* (fumo, tabaco). Pito, cigarro ou cachimbo, também vem de *petim*. Mas, se alguém lhe der um pito, não significa que está lhe dando um cachimbo, e sim repreendendo-o. Quando alguém faz algo errado, pode levar um pito. Nesse caso, a palavra não é de origem tupi.

PITIMBU – Fumar, pitar. Nome de uma cidade na Paraíba.

PITINGA – Casca branca, pele branca. Existe um camarão pequeno de nome pitinga. Algumas pessoas que gostam de colocar apelidos nos outros às vezes chamam de pitinga o sujeito bem claro.

PITOMBA – Quase preto, roxo. Espécie de fruta. Virou também sinônimo de tapa, bofetada. Então, se falarem que vão lhe dar uma pitomba ou um pitombo, pode não ser uma fruta.

PITU (ou **pitum**) – Casca escura, pele escura. Camarão de água doce, apesar de ele ser meio esbranquiçado.

PITUBA – Pode ter vários significados. *Pitu* (casca escura) é um tipo de camarão, então um dos significados de pituba é lugar dos camarões. Nome de um bairro praiano de Salvador. Mas, em outros casos, a palavra pituba pode ser derivada de *petim* (pito) e significar bafo, sopro, hálito. E há outro sentido que não é nada bom: vem de *pituá*, palavra que significa covarde, fraco. Então, quando se diz que um sujeito é pituba, quer dizer que ele é covarde, fraco, medroso. Em certos lugares chamam de pituba o ladrão de cavalo.

PIUM – Aquele que come a pele, que entra na pele. Mosquitinho que ataca as pessoas ao amanhecer e ao pôr do sol, também chamado de borrachudo. Suas mordidinhas são doloridas e provocam inchaço. Nome de uma cidade no Tocantins.

PIÚMA – Casca preta. É nome de uma planta que dá frutos pretos, redondos. Nome de uma cidade no Espírito Santo.

PIXAIM – Cabelo muito crespo, encarapinhado.

POÁ – Mão aberta. *Pó* é mão. *A*, no caso, significa aberta. Nome de uma cidade paulista.

PORANDUBA – Notícia, boato, narrativa de fato histórico. Pode ter também o sentido de falar e de ouvir.

PORANG (**porã** ou **poranga**) – Bonito. Entra na composição de várias palavras, incluindo nomes de cidades. Itaporanga (SE) é pedra bonita, e Tabaporã (MT) é taba bonita, cidade bonita. Ponta Porã (MS) é uma mistura do português com o tupi: ponta bonita.

PORANGABA (ou **morungaba**) – Beleza. Espécie de planta medicinal chamada porangaba, da qual se faz o chá-de-bugre. Acredita-se que ele embeleza as pessoas. No estado de São Paulo, há uma cidade chamada Porangaba e outra, Morungaba.

PORAQUÊ – Que entorpece, que adormece. É o nome tupi do peixe-elétrico, que existe em certos rios da Amazônia. Ele tem a forma de enguia e produz descargas elétricas bem fortes. Onde tem poraquê, cuidado!

PORECATU – Povo bom. Nome de uma cidade paranaense.

POROROCA – O que arrebenta, estrondo, estouro. Acontece próximo ao estuário do Rio Amazonas e em alguns rios do Maranhão. Quando a maré sobe, entra por alguns rios, e em choque com a água desses rios provoca um barulho enorme, chamado pororoca. Em vez de o rio desaguar no mar, é o mar que entra no rio, chegando a fazer ondas de 4 metros de altura, subindo a até 30 quilômetros por hora. Surfar na pororoca virou moda. Muitos surfistas, inclusive estrangeiros, procuram os rios amazônicos e maranhenses em que há a pororoca. Em 1999 foi realizado o primeiro campeonato de surfe na pororoca.

POTENGI – Rio do camarão. Nome de uma cidade cearense e de um rio que nasce no Ceará e deságua em Natal (RN). No início da colonização, os portugueses chamavam o Potengi de Rio Grande do Norte.

POTI – Camarão. Um dos heróis da expulsão dos holandeses de Pernambuco foi o líder indígena chamado Poti, batizado pelos portugueses com o nome de Felipe Camarão.

POTIGUAR – Comedor de camarão. Palavra usada para designar as pessoas nascidas no Rio Grande do Norte. Nesse estado existia uma grande nação indígena chamada Potiguara. O município de Baía da Traição, no litoral paraibano, divisa com o Rio Grande do Norte, pertence aos Potiguara, que vivem lá até hoje.

POTIRA – Flor. Também é nome próprio.

POTOCA – Mentira, lorota. Em alguns lugares, quando se propõe uma conversa à toa, as pessoas dizem: "Vamos jogar conversa fora". "Contar potoca" tem quase o mesmo significado.

POXY – Feio, mau, ruim, sujo. Há um peixe chamado poxim, palavra que significa sujinho, ruinzinho. Poxicaba é feiura. Em guarani, no Paraguai, quando dizem que alguém ficou poxi, querem dizer que ele ficou irado, bravo.

PREÁ – Vem de *apé-reá* (que mora no caminho, ou que está sempre no caminho). Espécie de mamífero roedor semelhante a um coelho selvagem.

PROPRIÁ – Ferrão, dente de cobra. Depois passou a significar também punhal. Nome de uma cidade em Sergipe localizada às margens do Rio São Francisco.

PUBA – Fermentado. Mole, macio. Também é o nome de uma massa de mandioca fermentada, usada para fazer biscoito ou bolo.

PUÇÁ – Rede de pesca de malha miúda, para pegar peixe pequeno. Essa rede tem formato de um grande coador, preso a uma vara comprida. A palavra puçá pode vir de *piçá*, que significa feito em renda, rendado, e também teia de aranha. O mesmo que *jurerê*.

PUÇANGA – Fazer alma, fazer vida. Remédio caseiro. Remédio ou método de cura dos pajés.

PUCU – Comprido, longo, bastante, duradouro. Espécie de árvore frutífera nativa da Amazônia.

PUNGA – Ferido, fraco, mas pode ser também covarde. Essa palavra é usada, ainda, para designar gente ou animal sem serventia, que não presta para nada. Não tem relação nenhuma com a palavra punga de "lunfardo", gíria de Buenos Aires, Argentina, que significa furto feito com destreza. O punguista, na mesma gíria, é um ladrão especialista em tirar dinheiro do bolso alheio sem que a pessoa perceba.

PURU – Que come gente, antropófago. Purus é o nome de um grande afluente do Rio Amazonas.

PURURUCA – Que produz barulho, estalidos. Derivação de pororoca, mas com significado bem diferente: pele de porco frita, biscoito, alimentos que fazem barulho quando comidos. Mas chama-se de pururuca também a pessoa que se irrita com facilidade. Pururuca é o coco ainda tenro, macio, que pode ser cortado e mastigado com facilidade.

PUTINGA – Fonte de água limpa. Nome de uma cidade gaúcha.

COM TUTU DE FEIJÃO, É UMA DELÍCIA

Em vários lugares a leitoa à pururuca é um prato muito apreciado. É a leitoa (ou o leitão) assada, com a pele torrada e crocante. Essa comida, típica de Minas Gerais (acompanhada de tutu de feijão, arroz e outras delícias), influenciou até a cozinha alemã em São Paulo. O *Eisbein* (joelho de porco, em alemão) normalmente é cozido, mas há restaurantes que o fazem à pururuca.

QUARA – Esconderijo, buraco, moradia, toca, poço. Aparece como sufixo em nomes de bairros, cidades etc. Araraquara (SP) é esconderijo das araras; Jabaquara (há bairros e povoados em vários lugares com esse nome) é esconderijo dos fujões, quer dizer, quilombo. Itaiquara (SP) é poço de pedregulhos; piraquara é toca de peixe e também palavra usada como sinônimo de comedor de peixe. No Vale do Paraíba (SP), piraquara é o caipira que mora na beira do rio.

QUARAÍ – Poço pequeno. Nome de uma cidade gaúcha que faz fronteira com o Uruguai.

QUATI – Nariz pontudo. Mas há quem interprete o nome como sendo o que é riscado, o que tem listas pelo corpo. O quati é um mamífero com nariz comprido, e seu rabo tem listas como se fossem anéis escuros. A espécie anda em bandos de até trinta animais.

QUERA – Dormir, sonhar. É também um sufixo que significa velho ou abandonado. Aparece em nomes de lugares como Itaquera [pedreira velha, de *ita* (pedra) e *quera* (velho ou abandonado)], bairro de São Paulo, e Pariquera-Açu, nome de uma cidade paulista [grande cercado de peixes abandonado, de *pari* (cercado de peixes), *quera* (velho ou abandonado) e *açu* (grande)].

QUICÉ – Faca. Entra na composição do nome da cidade de Itaquaquecetuba (SP), que significa lugar das taquaras que cortam como faca.

QUIPÁ – Espinheiro. Em Pernambuco há uma cidade chamada Quipapá, palavra que significa espinheiro grande.

QUIRERA (ou **quirela**) – Resto, farelo. O milho quebrado que se dá a aves, mas pode ser comido por humanos também. Em tupi é quirera, já que nesta língua não existe a pronúncia do L, de quirela.

CANJIQUINHA COM SUÃ

A quirela é também chamada de quirelinha e de canjiquinha. E suã é a coluna dorsal dos animais. Os escravizados recebiam a comida desprezada pelos senhores e a transformavam em pratos muito gostosos e com sustância. Em Minas Gerais, alguns senhores pão-duros davam a eles a quirelinha e o suã dos porcos, então criaram um prato, chamado canjiquinha com suã. A quirela tem que ser deixada de molho muitas horas, para amolecer. Refoga-se o suã cortado em pedaços, colocam-se os temperos e depois junta-se a quirela já macia e deixa-se cozinhar bastante tempo. Algumas pessoas comem apenas a canjiquinha com suã, outras juntam a ela o arroz.

QUIXABA – Corte, fissura. É uma fruta que tem esse nome porque seu pé, a quixabeira, que pode chegar a 15 metros de altura, tem espinhos que cortam. Na Paraíba há uma cidade chamada Quixabá, que pode ter recebido esse nome por causa dessa fruta, mas há quem diga que é uma variante de queçaba, que significa pouso, lugar de dormir.

RAMA – Pátria, região, lugar. Palavra usada como sufixo. O mesmo que *etama*.

RÉ – Diferente. Aparece como sufixo em palavras como avaré (*abá-ré*, homem diferente) e pindaré (anzol diferente).

REMA – O mesmo que *nema*, sufixo usado em muitas palavras tupis. Significa fedido, ruim, podre. Guararema (espécie de árvore e nome de uma cidade paulista), por exemplo, vem de *guara* (madeira) e *rema* (fedida). Repare que é *guara*, sem acento, diferente de *guará*.

RERI – Ostra. Quando o francês Jean de Léry esteve entre indígenas brasileiros, no século XVI, eles acharam muito engraçado o nome dele. É que Léry, em francês, se pronuncia "lerri". Em tupi, como não existe a letra L, e o R, mesmo no começo das palavras, nunca tem o som "RR", o francês Léry virou Reri. Para os indígenas, era o João Ostra.

RUDÁ (ou **Perudá**) – É o deus do amor, na mitologia tupi. Ele faz com que as pessoas se encontrem, se amem e procriem. Para isso conta com dois ajudantes: Cairé (lua cheia) e Catiti (lua nova).

CANTO PARA O AMADO AUSENTE

O guerreiro ia para a guerra ou para a caça deixando a amada na aldeia. E se ele arrumasse um novo amor e não voltasse, ou voltasse acompanhado? Para que isso não acontecesse, as namoradas cantavam uma canção para Rudá com o intuito de que o amado não se encantasse por outra e voltasse para elas. Essa é a tradução da letra da música cantada ao pôr do sol:

"Rudá, Rudá,
Tu que estás no céu
e que amas a chuva
Tu que estás no céu,
faça com que o... [aqui entra o nome do amado],
por mais mulheres que tenha,
ache todas elas feias.
Faça com que ele se lembre de mim esta tarde, quando o Sol se ausentar no poente".

Ss

SAÁ (ou **sauá**) – *Sá* é olho, e *saá* é o grão do olho. Saaçu, espécie de peixe olhudo, significa justamente olho grande.

SABARÁ – Pedra brilhante, cristal. Veja como as palavras mudam: a palavra itaberaba, nome original do cristal, virou tabará e depois sabará. Nome de uma cidade em Minas Gerais fundada pelo bandeirante Borba Gato, genro de Fernão Dias Pais Leme.

SABIÁ – Cantador. Espécie de passarinho que canta mesmo! Antes de amanhecer o dia, ele já começa a cantar. É muito admirado pela beleza do seu canto.

SACI – Olho (*eçá*) ruim, doente (*aci*). É o nosso mito mais popular, chamado também de Saci--Pererê, que significa olho ruim saltitante. *Pererê* é saltitante (como a perereca). Dizem que o olho do Saci fica revirando.

MITO GENUINAMENTE BRASILEIRO

Perneta, negro e pobre, três vítimas do preconceito num personagem brincalhão, alegre e que é conhecido em todo o Brasil. O Saci, antes da chegada do colonizador, era um curumim (menino) Guarani, que ajudava as pessoas perdidas na mata. Adotado pelas escravas contadoras de causos, ele tornou-se negro e depois ganhou do branco europeu o gorrinho mágico, que existe também em mitos europeus. É uma mistura de indígenas, africanos e europeus, os três povos que formaram o povo brasileiro (quando os orientais chegaram aqui, o Saci já estava "formado"). Ganhou dos pretos velhos, também, o pito, cachimbinho de barro. Ele apronta muito: joga sal na comida, dá nó em crina de cavalo, assobia no ouvido dos cavaleiros; mas é sempre por brincadeira, não por maldade.

SAÍRA – Vem de *saí*, palavra que tem vários significados. Um deles é água nos olhos (*eçá y*), ou seja, lágrima. Mas a saíra não tem lágrima nos olhos. Outro significado da palavra *saí* é delgado, minúsculo, e é este que se refere à saíra. Espécie de ave pequena e bonita, que pode ser de várias cores. Uma das mais admiradas é a saíra azul.

SAMAMBAIA – Corda trançada, emaranhada. Essa planta, vista de longe, parece mesmo uma coisa emaranhada. O broto de samambaia faz parte da culinária mineira.

SAMBAQUI – Depósito de ostras. Os indígenas que viviam à beira-mar costumavam jogar conchas, restos de ostras e mariscos, ossos e até objetos de pedra, restos de armas e panelas quebradas em um determinado lugar, formando uma verdadeira montanha ao longo do tempo. Esse amontoado chama-se sambaqui. Os arqueólogos dão muita importância aos sambaquis, pois estudando esses montículos podem decifrar como viviam os povos antigos daquele local.

SAMBURÁ – Vem de *sama* (trançado de cordas) e *rá* (marcado, manchado). Os pescadores conhecem bem essa palavra: é o cesto de cipó ou taquara que serve para carregar peixes e camarões.

SANGA – Boca afunilada de qualquer armadilha para peixes, abertura por onde os peixes entram na rede. Pode significar também espraiado, alagado. Ou ainda arroz quebrado, quirera de arroz.

SANHAÇO (ou **sanhaçu**) – Espécie de passarinho. Vem de *saí açu*, que quer dizer saí grande. Saí é o mesmo que saíra.

SANHARÃO (ou **sanharó**) – Bico agressivo, zangado. Espécie de vespa muito brava.

SAPÉ – Espécie de capim muito usado para cobrir casas ou ranchos. Mas sapé também significa ver caminho ou iluminar. O sapé seco é usado para fazer tochas.

UM LÍDER BRILHANTE

No Rio Grande do Sul, duas cidades – São Sepé e Tiaraju – homenageiam o mesmo personagem. Sepé Tiaraju foi um Guarani que liderou a resistência contra Portugal e Espanha, que fizeram um acordo em que o Uruguai passaria a pertencer à Espanha e o oeste do Rio Grande do Sul a Portugal. Nessa parte do Brasil atual, chamada Região das Missões, havia sete cidades guaranis, os chamados Sete Povos das Missões. Todos os moradores dessas cidades, pelo acordo, deviam ser transferidos para a margem esquerda do Rio Uruguai, pertencente à Espanha, deixando suas cidades com tudo o que havia nelas. A resistência dos Guarani foi forte, mas o poderio militar dos agressores era muito maior. O povo Guarani não tinha armas como eles, mesmo assim venceu muitas batalhas, mas, no final, acabou derrotado. Numa batalha, o cavalo de Sepé Tiaraju caiu e ele foi preso e assassinado pelo governador português. Sepé é uma palavra derivada de sapé. Ele ganhou esse nome porque o consideravam um homem que iluminava seu povo. E Tiaraju é topete eriçado. Depois de sua morte, Sepé Tiaraju passou a ser cultuado.

SAPECA (e **sapecar**) – Irrequieto. Que criança não é sapeca? Já moça sapeca é namoradeira. Sapecar é moquear, chamuscar, queimar ligeiramente. Daí surgiu o adjetivo sapeca, para pessoas que não param, parecem estar pisando em algo quente. Com o tempo, sapecar adquiriu outro sentido: o de fazer mal um serviço. Por exemplo: se o barbeiro corta mal o seu cabelo, você pode dizer que ele sapecou o corte de cabelo... Se o ilustrador de uma revista, jornal ou livro fez um desenho rápido e mal-acabado, você diz que ele sapecou a ilustração.

SAPIROCA – Olho esfolado. Olhos inflamados e sem pestana. O mesmo que sapiranga, que significa olho vermelho.

SAPOPEMA (ou **sapopemba**) – Raiz esquinada, grossa e chata que se projeta para fora da terra, como acontece em volta da base do tronco de muitas figueiras e gameleiras. Espécie de árvore muito grande. Quando há tempestade, muitos animais se abrigam debaixo dela. Por isso, na Amazônia, quando se aproximam tempestades muito fortes, dizem que o Curupira sai chutando sapopemas para ver se elas estão firmes e não correm o risco de cair. Se houver esse perigo, o Curupira avisa os animais.

SAPUCAIA – Fruto que faz saltar o olho. Pode significar fruto que deixa a gente com vontade de comê-lo, ou fruto que parece um olho saltado. Ou ainda pode significar gritar, clamar; ou grito, clamor. Como os indígenas acham que o galo e a galinha (trazidos pelos europeus) gritam muito, eles chamam essas aves de sapucaia.

SAQUAREMA – Concha fedida. Durante o império era uma palavra usada pejorativamente como sinônimo de caipira. Na época, havia dois partidos políticos: o Liberal e o Conservador. Os liberais chamavam os conservadores de saquaremas. Nome de uma lagoa e de uma cidade no Rio de Janeiro.

SARACURA – Bicho que caçoa; engole-milho. Espécie de ave que vive em pântanos e às margens de rios e lagos. Em alguns lugares, ela é chamada de galinha-d'água.

SARARÁ – Formiga solta. Espécie de formiga amarelada, arruivada. Na gíria usa-se a mesma palavra para mulato que tem o cabelo crespo e arruivado ou amarelado. Os indígenas achavam que esse tipo de cabelo parecia um monte dessas formigas em cima da cabeça.

SAÚVA – O pai das formigas, o mestre das formigas (*içá-uba*) ou formiga má, que destrói as plantas (*içá-aíba*). Espécie de formiga que corta folhas de plantas e as leva para o formigueiro, onde cultiva o fungo do qual se alimenta. A folha não é a comida delas, é usada para cultivar o fungo. Seus formigueiros são enormes, e essas formigas devoram plantações inteiras, por isso têm esse nome. A tanajura é uma formiga que se torna rainha de um formigueiro de saúvas. Havia tanta saúva no Brasil que uma frase se tornou famosa: "Ou o Brasil acaba com a saúva, ou a saúva acaba com o Brasil".

SEPETIBA – Variação de *sapé-tyba*, que quer dizer sapezal, plantação de sapé, uma espécie de capim. No Rio de Janeiro existe uma baía chamada Sepetiba, com um porto onde embarcavam pau-brasil para mandar para a Europa, na época da colonização.

SERGIPE – Rio dos siris. Em Aracaju, capital de Sergipe, não só o siri, mas outros caranguejos também são iguarias das mais apreciadas, principalmente nas barracas de praia.

SERIEMA – Crista levantada. Espécie de ave pernalta, de grande porte, que mais anda do que voa, comum nos cerrados e na caatinga. Alimenta-se principalmente de insetos e animais pequenos.

SINIMBU – Lustroso, que emite radiações. Espécie de camaleão. Nome de uma cidade no Rio Grande do Sul. Nome de vários povoados e córregos brasileiros.

SIRI – Liso, escorregadio, aquele que desliza. Espécie de crustáceo diferenciado do caranguejo por ter o último par de pernas em forma de remo, adaptado para nadar. É um animal silencioso: na gíria, boca de siri significa bico calado. Se alguém lhe pedir "boca de siri", quer dizer que está pedindo segredo total.

SIRIRI – Pode ser rio do siri ou uma variante de *xiriri*, que significa espuma das águas. É, ainda, denominação dada às formas aladas de cupins, que por ocasião da revoada largam as asas pelo chão. Nome de uma cidade em Sergipe.

ALELUIA, SIRIRI!

Você conhece um inseto chamado aleluia, que sai aos montes em certas noites, revoando e entrando nas casas por tudo que é lado? São cupins que querem formar um novo ninho, um cupinzeiro. Cada cupinzeiro tem um rei e uma rainha, e só eles procriam. Mas de vez em quando criam filhotes capazes de voar, formar casais e novos cupinzeiros. Os filhotes perdem as asas e se instalam no chão ou, no caso de cupins urbanos, em madeiras, papéis etc. Em muitos lugares esse cupim voador que sai aos montes para criar novos "ninhos" é chamado de siriri.

SOCAR – Quebrar, partir, reduzir a pedaços. Em tupi, os verbos não terminam em R, então originalmente era soca, que vem de *sog*. Socar no sentido de dar socos tem outra origem.

SOCÓ – Bicho que se arrima (se sustenta em pé). Espécie de ave pernalta que tem costume de "descansar" sobre uma perna só. Denominação de pessoa muito alta e desajeitada.

SOLIMÕES – O Rio Amazonas só tem esse nome depois de encontrar com o Rio Negro, perto de Manaus (AM). Antes, desde a fronteira com o Peru, chama-se Solimões, palavra derivada de *sorimã* (lembrando que em tupi não existe a letra L), que significa rio dos venenos, pois na região os indígenas usavam flechas envenenadas para a pesca.

SOROCABA – Rasgão no solo, fenda na terra. Nome de uma cidade em São Paulo. O mesmo que *voçoroca*.

SOROROCA – Lanhado, rasgado. Espécie de peixe marinho, também chamado de cavala-pintada. O som que faz alguém muito doente, moribundo, para respirar, também é chamado de sororoca.

SUÃ – Espinha dorsal. No interior, chama-se suã a coluna dorsal do porco, usada, entre outras coisas, para fazer uma comida forte e saborosa, a canjiquinha com suã. Ver *quirera*.

SUAÇU – Ver *guaçu*.

SUAÇUNA (ou **suassuna**) – Onça-preta. Também é sobrenome na Paraíba.

SUÇUARANA – Semelhante ao veado. É onça assim chamada por causa da cor parda, a mesma dos veados.

SUCUPIRA – Madeira que não se fende. Espécie de árvore bonita e de madeira muito valiosa.

SUCURI – Aquele que morde rápido. É a maior cobra brasileira. Vive na água e é capaz de engolir animais inteiros, como bezerros. Existem lendas sobre sucuris que teriam engolido pessoas adultas, mas não há confirmação sobre isso. Ela não é venenosa: para matar sua presa, enrola-se nela e a aperta, sufocando-a e quebrando seus ossos.

SUMARÉ – Que gruda, que cola. Espécie de orquídea que produz uma substância usada na fabricação de cola. Nome de uma cidade paulista e de um bairro paulistano.

SUMAÚMA (ou **samaúma**) – Árvore das fibras, árvore das cordas. Espécie de árvore enorme, que chega a 70 metros de altura, produz uma paina parecida com a da paineira. Na África, existe uma árvore da família da sumaúma que é muito famosa, o baobá.

SUMÉ – Pai estrangeiro. Nas lendas indígenas, é um personagem que apareceu misteriosamente entre eles para ensinar agricultura. Os jesuítas o identificam com São Tomé, que, segundo creem, teria vindo ao Brasil muito antes dos portugueses.

SUPERAGUI – Nome de uma ilha no Paraná. Segundo uma lenda, há nos estuários de rios entre Cananeia (SP) e Paranaguá (PR) uma iara (ou sereia) chamada *Piragui*. *Ju Piragui*, no caso, pode significar saída da Piragui. O nome da ilha é uma homenagem a ela.

SURUBIM – Animal azulado ou pele escorregadia. Espécie de peixe de rio muito saboroso. Um peixe igual a ele só se diferencia por um detalhe na pele: o pintado realmente tem pintas, e o surubim não.

SURUCUCU – Que dá dentadas, que dá muitos botes. É a maior cobra venenosa da América do Sul, muito temida, conhecida também como jararacuçu. Denominação de mulher encrenqueira.

SURURU – Bicho úmido, encharcado. Pode significar também atolado. Espécie de mexilhão que vive na lama do mangue. Na gíria, sururu é sinônimo de briga envolvendo várias pessoas, porque existe também um caranguejo preto chamado sururu que se amontoa com outros, dando a impressão de estarem brigando para se agarrar à raiz de uma árvore do mangue.

TÁ – Muita gente pensa que a expressão *tá* (afirmativa ou interrogativa) vem de está, mas ela pode ter vindo do tupi, significando "sim". Por exemplo: alguém diz "Eu vou indo, tá?", e o outro responde: "Tá".

TABA – Aldeia, mas a palavra é usada também como sinônimo de cidade. Não confundir com *tabá*, que é o mesmo que *taguá* e significa argila, barro. Tabaporã, nome de uma cidade em Mato Grosso, significa aldeia bonita ou cidade bonita. Na palavra Taubaté, nome de uma cidade em São Paulo, taba virou *tauba*: aldeia (*tauba*) de verdade (*até*), aldeia grande, ou seja, cidade.

TABAJARA – Senhor da aldeia. A palavra é usada também como sinônimo de patrão, dono.

TABAPUÃ – Aldeia alta, elevada. Nome de uma cidade paulista.

TABARANA (ou **tubarana**) – Vem de *taiuá-rana*. *Taiuá* é uma variedade colorida de *taió* ou *tajá*, quer dizer, de inhame ou taioba. A terminação *rana* significa parecido com. Espécie de peixe de água doce, similar ao dourado, com a diferença que tem cor prateada e avermelhada e listas pretas ao longo do corpo. Termo empregado como sinônimo de facão chato.

TABARÉU – Morador da taba. Termo empregado de maneira preconceituosa no Nordeste do Brasil, com o mesmo significado de caipira, usado no Sudeste. É também pronunciado sem o U final: tabaré. O feminino de tabaréu é tabaroa.

TABATINGA – Barro branco. Não vem de *taba* (aldeia), mas, sim, de *tabá*, que é uma palavra derivada de *taguá* (argila, barro). Nome de uma cidade no Amazonas e em São Paulo.

TABIRA – Pedra erguida, pedra levantada. Nome de uma cidade em Pernambuco. Itabira, nome de uma cidade em Minas Gerais, tem o mesmo significado.

TABOA (ou **tabua**) – Haste erguida; raiz levantada. Espécie de planta comum em brejos, com flores em forma de espigas. Seu caule é muito usado na fabricação de esteiras e outros tipos de artesanato.

TABOÃO – De *ita-apoã*, quer dizer pedra erguida, pedra levantada. Em São Paulo há uma cidade chamada Taboão da Serra. Taboão é nome de bairros e povoados em vários municípios, como Curitiba (PR) e Rio do Sul (SC).

TABOCA – Haste furada, tronco oco. Em alguns lugares, taboca significa bambu fino, usado para fazer vara de pescar. O mesmo que *taquara*, bambu.

TACACÁ – Goma. Alguns dizem que é uma palavra de origem caribenha, mas há também quem afirme ser mesmo de origem tupi. Comida típica da região amazônica, especialmente do Pará, é um caldo feito com a goma da mandioca, camarões, tucupi, alho e sal. Na hora de servir, acrescenta-se uma erva chamada jambu, que deixa a língua de quem a consome dormente. Quem toma tacacá pela primeira vez fala com a língua meio "enrolada" por causa dessa dormência.

CUIA COM TECNOLOGIA INDÍGENA

Nas ruas de Belém (PA) existem muitos vendedores de tacacá. Ele é colocado numa pequena cuia preta e dura. Esse tipo de cuia pode ser usado durante muito tempo sem perder a sua cor. Ela é feita da casca do cuietê (cuia verdadeira, excelente), fruto da cuieira. Cortada ao meio, a cuia torna-se uma vasilha comum. Para ganhar cor, ela é pintada com tinta feita de casca de jenipapo. Depois de pintada e seca, o artesão faz xixi no chão, põe pedrinhas em cima da urina e a cuia sobre elas. A cuia não encosta na urina. O sol forte faz o amoníaco do xixi evaporar e fixar a tinta. Isso é feito duas vezes: uma vez com a cuia emborcada para baixo, para fixar a tinta na parte interna, e outra, com a cuia virada para cima, para fixar a tinta da parte externa.

TACAPE – Borduna, porrete. Arma indígena de ataque, defesa ou caça.

TAGUATINGA – Barro branco. Nome de uma cidade-satélite em Brasília (DF). O mesmo que *tabatinga*.

TACI – Formiga. Também pode ser nome próprio.

TAIGUARA – Morador da aldeia, homem livre. Também pode ser nome próprio.

TAIM – Pedrinha. No Rio Grande do Sul há uma grande reserva ecológica chamada Estação Ecológica do Taim com lagoas, dunas, campos e matas. Há uma fauna rica e variada, com muitas aves, animais terrestres e aquáticos. O mesmo que *Itaim*.

TAIOBA – Planta ardente, picante. Espécie de planta com folhas grandes, maiores que as do inhame, e com tubérculos comestíveis. As folhas da taioba também são comestíveis, podem ser refogadas, como a couve.

TAMANDARÉ – Herói mítico dos Tupinambá, que os católicos comparam a Noé. Diz a lenda que ele fez brotar uma fonte e as águas invadiram o vale e cobriram os montes. Tamandaré e sua mulher subiram numa palmeira e se salvaram. O irmão, Aricute, e a cunhada de Tamandaré imitaram o casal: subiram num jenipapeiro e também se salvaram. No período todo em que a terra ficou coberta pelas águas, eles se alimentaram dos frutos dessas árvores. Depois, os dois casais repovoaram a Terra. A palavra Tamandaré significa aquele que fundou o povo, que repovoou a Terra. Nome de uma cidade em Pernambuco.

TAMANDUÁ – Caçador de formigas. Esse animal, desengonçado, se alimenta também de cupins. Quando se sente ameaçado, o tamanduá se levanta e "abraça" o agressor, podendo quebrar-lhe a espinha, pois tem muita força. Em alguns lugares chamam de tamanduá o sujeito muito pão-duro, sovina.

TAMANDUATEÍ – Muitos tamanduás, ou rio do tamanduá verdadeiro. Nome de um rio que nasce na cidade de Mauá (SP) e deságua no Rio Tietê, em São Paulo (SP).

TAMBÁ – Concha. Na gíria indígena, órgão sexual feminino. Na Paraíba, há uma praia chamada Tambaba (detritos de conchas). Tambaqui, um dos peixes mais apreciados da Amazônia, tem o mesmo significado que Tambaba.

TAMBAÚ – Pode significar rio das conchas, ou concha (ou marisco) preta. Nome de uma cidade paulista e de uma praia paraibana.

TAMBORÉ (**tamburi**, **timburi** ou **tamboril**) – Espécie de árvore também conhecida como canafístula, com flores muito cheirosas. Timburi significa perfume, mas também pode ser tronco que solta líquido.

TAMOIO – O avô, o primogênito da raça. Nação indígena que habitava o litoral norte de São Paulo e parte do litoral do estado do Rio de Janeiro. Ficou famosa por liderar a chamada Guerra dos Tamoios, entre 1560 e 1563. Os Tamoio se aliaram aos franceses e combateram os portugueses, que tinham os Tupiniquim como aliados.

TANAJURA – Pescoço duro. Vem de *tã* (duro) e *ayura* (pescoço). Formiga grande, é a rainha das saúvas. Em determinado período do ano, milhares de tanajuras saem voando. Quando chegam ao chão, perdem as asas e cavam um buraco para botar seus ovos e formar um novo formigueiro. Felizmente poucas conseguem, porque são comidas por aves. As pessoas costumam preparar a sua parte traseira tostada para comer. Monteiro Lobato, por exemplo, gostava de comer essa iguaria. O que mais chama a atenção na tanajura é o tamanho da sua parte traseira, tanto que pessoas maldosas chamam de tanajuras as mulheres com essa característica.

TANGARÁ – Saltador. Espécie de pássaro que "dança", salta, enquanto canta.

OS FILHOS DE CHICO SANTOS

No litoral do Paraná há uma lenda sobre a origem do tangará. Segundo a lenda, existia na região a família de um tal Chico Santos, cujos filhos gostavam muito de dançar. Mas um dia abusaram: dançaram na Semana Santa, o que é considerado pecado grave. Todos pegaram varíola e foram morrendo um a um. Cada um que morria virava tangará. Dizem que, até hoje, os filhos de Chico Santos aparecem como tangarás, sempre dançando.

TAPAJÓ – O que procede da aldeia. Nação indígena que habitava o Pará e, por causa dela, um rio importante, que deságua no Amazonas junto à cidade de Santarém, recebeu o nome de Tapajós.

TAPERA – *Taba* (aldeia), *pwera* (que foi). Aldeia extinta. Passou a significar também casa em ruínas.

TAPEREBÁ – O que cresce em ruínas. Espécie de árvore que produz uma fruta meio azeda, ótima para sucos e sorvetes, usada também em molhos de peixe. Alguns pesquisadores dizem que a palavra vem do caribe e significa cajá pequeno. O mesmo que *cajá*.

TAPEROÁ – Morador da tapera, morador das ruínas. Nome de uma cidade na Paraíba.

TAPIOCA – Tirado do fundo, resíduo, sedimento. O mesmo que polvilho doce. No processo de fabricação da farinha de mandioca sai um líquido leitoso (chamado manipueira) quando a mandioca é ralada e espremida. Desse líquido tira-se um amido, que é a tapioca. A manipueira é coada em pano, e o líquido que passa por ele com um pó muito fino é deixado numa vasilha para decantar. A tapioca (esse pó fino) vai para o fundo, e o líquido que sobra é venenoso, mas pode ser usado para fazer o tucupi. A tapioca passou a ser também um beiju servido às vezes com recheio de coco. Hoje em dia, costuma-se fazer a tapioca com recheios diversos, como leite condensado e doces.

TAPIR – Casca (ou pele) grossa. É o nome tupi da anta, o maior mamífero das matas brasileiras. Em São Paulo há uma cidade que se chama Tapiratiba, nome que significa muitas antas. Alguns povos indígenas passaram a chamar boi e vaca de tapir, pois esses animais não existiam aqui, antes da chegada dos portugueses e, apesar de a anta não ter chifres, foi o animal que eles identificaram como o mais parecido.

Tapiti | Taturana

> **COLAGEM DE ANIMAIS**
>
> Diz a lenda que quando Deus criou o mundo formou a anta, ou tapir, emprestando partes de outros animais: corpo de porco, pés de rinoceronte, cascos de boi e uma pequena tromba de elefante. Não é uma lenda indígena, já que não existia nenhum desses bichos no Brasil. Mas, apesar dessa composição esquisita, a anta é um animal muito inteligente, e seu porte físico (mais de 1 metro de altura e até 300 quilos) inspira piadas. Em *O Pasquim*, jornal de humor lançado no Rio de Janeiro em 1969, o jornalista Ivan Lessa e o cartunista Jaguar criaram um personagem de uma anta que calçava tênis nas patas dianteiras e traseiras. Ela dizia: "Só sei que sou uma anta e tenho dois pares de tênis". Daí, xingar alguém de anta é o mesmo que xingar de bobão.

TAPITI – Que tem pelo branco na barriga. Espécie de coelho do mato. Assim como os europeus davam nomes de animais a algumas constelações (Escorpião, Ursa Maior e Ursa Menor, por exemplo), os indígenas usavam os nomes dos animais brasileiros. Tapiti era uma dessas constelações.

TAPUIA – Pode significar aquele que foge da taba ou escravizado. Os Tupinambá chamavam de tapuia os povos que não falavam tupi. Eles consideravam esses povos mais "atrasados", da mesma forma que os romanos chamavam de "bárbaros" os povos que não falavam latim. No masculino, tapuio significa descendente de indígena, mestiço.

TAQUARA – Haste furada, bambu. Está presente nos nomes de várias cidades e vilas: Taquaraí (RS) é rio da taquara; Taquarembó (RS) é taquara fina; Taquari (em vários estados) pode ser rio da taquara, ou taquarinha; Taquaruvu (PR) é fonte de taquara; Taquaritinga (SP) quer dizer taquarinha branca. Existem muitos lugares brasileiros chamados Taquaral.

TAQUARUÇU – Taquara grande. Bambu gigante, que tem gomos bem grandes. Segundo a lenda, os sacis nascem dentro desses gomos. Em noites de tempestade, essas taquaras estalam, racham, e os sacis saem delas.

TARUMÃ – Fruto que dá em cacho, em espiga. Espécie de árvore que tem vários nomes, entre eles azeitona-do-mato, cujos frutos são comestíveis e oleosos. Nome de uma cidade paulista.

TATÁ – Fogo. Entra na composição de várias palavras, como tatapora, que depois virou catapora (fogo que salta, que tem fogo dentro), e Boitatá (cobra de fogo).

TATU – Casco encorpado, duro. Na cidade de São Paulo (SP) há um bairro chamado Tatuapé, que significa caminho de tatu, e no estado de São Paulo há a cidade de Tatuí, que pode significar rio do tatu ou tatu pequeno.

TATURANA – Não deriva de tatu, mas de *tatá*; vem de *tatá-rana*, parecido com fogo. É a lagarta peluda de algumas espécies de mariposa. Seus pelos têm uma substância

Taubaté

que queima a pele humana ao menor contato. Não só queima como pode provocar lesões, febre e, embora raramente, até matar.

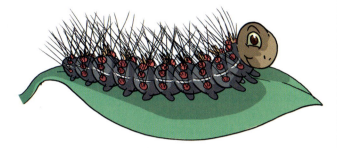

TAUBATÉ – Aldeia grande, cidade. De *taba* (aldeia) e *etê* (de verdade). Nome de uma cidade paulista. Ver *taba*.

TEÇÁ – Olho, visão. Ver *eçá*.

TEFÉ – Profundo. Nome de uma cidade do Amazonas às margens do Rio Solimões.

TEIÚ ou (**teju**) – Que come escondido, ou comida de gentalha. Espécie de lagarto. Algumas pessoas apreciam muito a carne de teiú.

TEJUCO – Ver *tijuca*.

TEJUPÁ (ou **tijupá**) – Ranchos, rancharia. Mas pode ser também lugar (ou lagoa) que tem lagartos. Nome de uma cidade paulista.

TERERÊ – Bebida feita com a erva-mate fria, tomada com bombilha, comum no Paraguai e em Mato Grosso do Sul. Originalmente era tereré, com acento agudo, palavra que significa estrondo, ruído, barulho, coisa que se quebra, mas pode ser também conversa fiada. Acredita-se que esse termo seja originário da língua caingangue, falada por várias nações indígenas do Sul, e significa o que se bebe, o que se engole ou o que se come. Chama-se tererê, também, algo que não tem nada a ver com o mate: um penteado com fitinhas coloridas presas ao cabelo.

BEBIDA REFRESCANTE

Os gaúchos acham o tererê ruim: para eles, o mate tem que ser tomado sob a forma de chimarrão, bem quente. Mas, naquele calor que faz na região do Pantanal, se justifica? Os gaúchos, porém, tomam chimarrão da maneira tradicional em qualquer lugar, mesmo com muito calor, quando se levantam de madrugada para apreciar a bebida, pois o ar, nesse período, é um pouco mais fresco. No Paraguai, quem tem alguma doença às vezes mistura ervas medicinais na água em que preparam o tererê.

TIANGUÁ – Ponta de pilão, mão de pilão. Nome de uma cidade cearense.

TIBAGI – Rio do pouso. Nome de uma cidade paranaense.

TIBIRIÇÁ – Vigia da terra, para alguns, e chefe principal para outros. Nome de um cacique dos Guaianá que na Guerra dos Tamoios se aliou aos portugueses. Era sogro de João Ramalho, um aventureiro português que naufragou perto de São Vicente e passou a viver com os indígenas. Quando os jesuítas subiram a Serra do Mar e chegaram aonde hoje é São Paulo, João Ramalho já vivia perto dali.

TIÉ (ou **tiê**) – Espécie de passarinho que produz som parecido com "tié". A palavra passou a significar também gorjeado, o gorjeio dos passarinhos. Existem muitos tiés, e um deles, pequeno e bonito, é o tié-
-sangue, todo vermelho.

TIJUCA (**tijuco** ou **tejuco**) – Lamaçal, brejo. Existem vários lugares com esses nomes e o mais conhecido é o bairro da Tijuca, na cidade do Rio de Janeiro (RJ).

TIMBIRA – Amarrado, escravizado. Pode significar também madeira no nariz. Uma nação indígena era chamada de Timbira pelos inimigos.

TIMBÓ – Bafo, vapor, fumaça. Espécie de cipó conhecido como timbó, ou timbé, que contém uma substância venenosa para os animais de sangue frio, como os peixes. Não faz mal ao homem, e é usado para a pesca. Jogando-se o timbó macerado na água, os peixes pequenos logo vão para a superfície e podem ser pegos com a mão. Os grandes ficam atordoados e são pegos facilmente com flechas ou redes. A pesca com timbó, tradição de muitos povos indígenas, é feita em lagoas.

TINGA – Branco, claro. Aparece na composição de várias palavras, como nomes de cidades, rios, animais etc. Por exemplo: Itatinga (SP) é pedra branca; Jacutinga (MG) é jacu branco; e Paraitinga (SP) é rio branco.

TININGA – Seco; secar. Aparece na composição de algumas palavras. Exemplos: Itapetininga (SP) significa laje seca; Piratininga (antigo nome de São Paulo) significa peixe seco. Às vezes o sufixo é abreviado: o nome da cidade de Piratini (RS) tem o mesmo significado de Piratininga.

TIPITI – *Tipi* (espremer), *ti* (líquido). Tipo de cesto especial usado para espremer a massa ralada de mandioca, extraindo dela o líquido, deixando a massa seca que vira a farinha. Há dois tipos de tipiti: um comprido e fino, que é pendurado cheio da mandioca ralada num galho de árvore, com uma pedra embaixo para que se estique e comprima a massa, e outro largo, colocado sob uma prensa. Em algumas regiões, a dança conhecida como pau de fita chama-se dança do tipiti, pois as fitas são trançadas em torno de um tronco e ficam parecidas com o tipiti: comprido e fino.

TIPOIA – Roupa pendente, ou rede de cobrir. Se você já fraturou um braço, certamente usou um pano em que ele ficava pendurado, engessado ou não. Tipoia, originalmente, era uma pequena rede que as indígenas usavam penduradas às costas ou encaixadas nos quadris para carregar seus filhos.

TIQUARA – Qualquer bebida que refresque. Mas é usada também como sinônimo de cachaça fraca e de café ralo e doce.

TIQUIRA – Pingar, gotejar; líquido que goteja. Cachaça feita de mandioca, comum no Maranhão.

TIRIRICA – Vibrante, cortante. *Tiriri* significa vibrar, cortar. Espécie de gramínea que tem a folha cortante, considerada erva daninha. No entanto, há variedades de tiririca que são medicinais. Quando alguém fica furioso, diz-se que ele está tiririca.

TIZIU (ou **tizio**) – Pássaro preto. Espécie de ave que tem esse nome porque emite um som parecido com tiziu. Conhecida também como alfaiate, bate-estaca, jacarina, papa-arroz e veludinho. Jacarina significa o que tem o peito firme.

TOCA – Buraco em árvores, no chão ou em pedras, que serve de abrigo para animais. Algumas pessoas dizem que a palavra não

Algumas pessoas dizem que a palavra não é de origem tupi. Outras dizem que vem de *t'oca*, uma variação de oca, quer dizer, esconderijo, casa.

TOCAIA – À espera da caça; armadilha para caçar. Inicialmente era a cabana em que o caçador ficava escondido esperando a caça se aproximar. Depois passou a significar também emboscada. Dessa palavra surgiu o verbo tocaiar.

TOCANDIRA – Que fere profundamente. Formiga preta venenosa, com mais de 2 centímetros de comprimento, cuja ferroada dói muito. Existe na Amazônia e no Centro-Oeste.

TOCANTINS – De *tuca-ti*, nariz de tucano, quer dizer, bico de tucano. Nome de um rio e de um estado brasileiros.

TOQUE-TOQUE – O que tapa a visão, impede de ver. Ponta ou saliência no litoral que impede que se veja numa determinada direção. Nome de duas praias no litoral norte de São Paulo: Toque-Toque Grande e Toque-Toque Pequeno.

TORÉ (ou **boré**) – Torto. Flauta ou trombeta indígena, usada em seus rituais e danças. O toré pode ser feito de casca de árvore, de taquara, de rabo de tatu-canastra, de couro de jacaré e até mesmo de argila. Certos povos praticam rituais e danças também chamados toré.

TORÓ – Coberta espessa, casca grossa. Assim chamavam o tatu-canastra, de cujo rabo se fazia o toré, flauta de rituais indígenas e danças (mas o toré também pode ser feito de outros materiais). Como o toré era uma "festa", a palavra toró passou a significar também confusão, pois muitas festas parecem uma confusão. E mais: é a chuva repentina e grossa e, nesse caso, é uma imitação do som que essa chuva faz, o mesmo que tororó (que significa também enxurrada) e xororó.

TRACAJÁ – Pequena tartaruga da Amazônia, cujo nome não é tupi e, sim, galibi, mas foi assimilado em toda a região.

TRACUNHAÉM – *Taracu* (formiga) e *nhaém* (prato ou panela). Panela de formiga, ou seja, formigueiro. Nome de uma cidade pernambucana, famosa pelo artesanato em barro.

TRAIPU – Olho-d'água; ou fonte do morro. Nome de uma cidade em Alagoas.

TRAÍRA – O que se bamboleia. Espécie de peixe de água doce que pode chegar a 60 centímetros de comprimento e pesar 2 quilos. A palavra entrou para a gíria como sinônimo de traidor por dois motivos: por causa de seu início (*trair*) e porque é um peixe que gosta de lugares escuros, sombrios, como os traidores que vivem nas sombras.

TRAMANDAÍ – Rio sinuoso. Nome de uma cidade no Rio Grande do Sul.

TREMEMBÉ – Que escoa devagar, encharcado, brejo. Um povo indígena habitava um lugar assim, às margens do Rio Paraíba, e recebeu esse nome. Hoje, nesse lugar existe a cidade de Tremembé (SP). Nome de um bairro paulistano.

TUBA (**tuva** ou **tiba**) – Formas derivadas da

que designa o coletivo de algo, ou que há muito daquilo. Várias cidades têm essa terminação. Por exemplo: Curitiba (PR) quer dizer pinheiral; Jaboticatubas (MG), muitas jaboticabeiras; Boituva (SP), muitas cobras.

TUBARÃO – Semblante bravo (*tub-nharó*). Espécie de peixe perigosíssimo. Os indígenas do litoral usavam os dentes de tubarão para colocar na ponta das flechas. Alguns afirmam que não é palavra de origem tupi-guarani, mas na região onde hoje se encontra a cidade de Tubarão, no litoral sul de Santa Catarina, existiu um cacique do povo Carijó (povo que fala guarani) que tinha fama de mau, e seu o nome era Tubarão. Muita gente come carne de tubarão e não sabe, pois esse peixe é chamado também de cação. Alguns pensam que a diferença entre um e outro é o tamanho (dizem que o cação é menor), mas muitos caçadores dizem que a diferença é simples: quando a gente está caçando o peixe, ele é cação; quando é ele que caça a gente, é tubarão. Até o século XVI, os tubarões eram chamados de "cães do mar".

TUCANO – Bico exagerado, bico que sobrepuja; bico de osso. Espécie de ave que tem o bico muito grande e forte.

TUCUM – Espinho alongado, ou ponta comprida. É o nome de uma série de palmeiras cujas folhas dão uma fibra conhecida como "fibra de tucum", que serve inclusive para fazer linha de anzol. Muitas delas têm frutos comestíveis. Uma dessas palmeiras é o tucumã (palavra que significa fruto do tucum), explorado e valorizado por causa dos frutos comestíveis, do óleo das sementes e do palmito. As fibras do tucumã são usadas para fazer cordas e redes. Tucumã é também o nome de uma cidade no Pará.

TUCUNARÉ – A terminação *ré* geralmente significa amigo. Então, o significado do nome desse peixe nativo da Amazônia é amigo do tucum; mas há outra interpretação: a palmeira do tucum é cheia de espinho, e o tucunaré tem a nadadeira dorsal cheia de espinhos que machucam de verdade. Assim, seu nome poderia ser traduzido por parecido com tucum. O tucunaré chega a 60 centímetro de comprimento e a até 4 quilos. Ele foi introduzido em muitas represas de outras regiões do Brasil.

TUCUPI – Decoada picante. Decoada é uma água fervida com cinzas, para fazer sabão de cinza ou para outros usos. No caso do tucupi, é o líquido que sobra da mandioca moída e espremida e depois coada e que, por fim, é deixado em repouso para que o pó (o amido, a tapioca) se assente no fundo da vasilha. Esse líquido venenoso, que fica em cima da tapioca, é cozido até perder o veneno e depois misturado com vários temperos e pimenta. Era considerado o molho dos indígenas. Tem um sabor diferente, muito especial, e é usado em vários pratos da Amazônia; o mais famoso deles é o pato no tucupi, típico do Pará.

TUCURUÍ – Rio do gafanhoto. Mas pode ser também uma derivação de tucuruvi, que significa gafanhoto verde. Tucuruí é o nome de uma cidade e de uma represa do Pará. Em São Paulo (SP) existe um bairro chamado Tucuruvi.

TUCUXI – Boto. É o boto-preto ou boto-cinza. Existe ainda o boto-vermelho, também conhecido como boto-cor-de-rosa. Segundo a lenda, à noite, o boto se transforma num rapaz bonito e excelente dançarino. Namorador, é irresistível para as moças e conquista quem quer. Mas antes de amanhecer tem que voltar para o rio.

TUIM – Periquito.

TUIUIÚ – Espécie de ave que chega a ter 2,8 metros de envergadura (de uma ponta da asa à outra) e 1,6 metro de altura. Ave-símbolo do Pantanal. O mesmo que *jaburu*.

TUIUTI – Barreiro (*tuju*) branco (*tinga*), lamaçal. O tuim (periquito) que vive em lugares assim é chamado de *tuiuti*. Uma das maiores batalhas da Guerra do Paraguai foi num lugar chamado Tuiuti, em território paraguaio.

TUPÃ (ou **tupana**) – Trovão, raio. Essa denominação deve-se ao som do trovão. Os indígenas falavam dele como algo que vem do céu. Com a catequização, os padres adotaram Tupã para denominar Deus em tupi. É o Deus único, ensinado pela Igreja Católica, em substituição aos mitos cultuados pelos indígenas. Enfim, na língua nheengatu, Tupã é Deus. Nome de uma cidade paulista.

TUPANCIRETÃ – Terra da mãe de Deus. Nome de uma cidade no Rio Grande do Sul.

TUPI – Pai de todos. O primitivo, o da primeira geração. É a designação dada aos povos indígenas que falam a língua tupi.

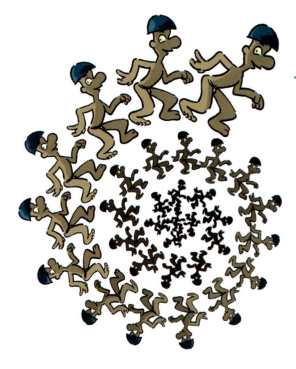

TURIAÇU – Fogueira (*turi*) grande (*açu*); incêndio. Nome de uma cidade maranhense.

TURUNA – Negro poderoso; valente, valentão. Hoje em dia é raro o uso dessa palavra, mas há algumas décadas ouvia-se muito alguém falar das qualidades (ou defeitos) de um sujeito e incluir entre eles o turuna.

TUTOIA – Expressão que significa "Que beleza!", "Que lindo!". Nome de uma cidade maranhense.

TUXAUA – Vigilância do pai; governo patriarcal. Conforme a região, chamam de tuxaua a pessoa muito influente, o chefe político. O mesmo que *morubixaba*.

MUITA GENTE FALANDO

A família linguística tupi é muito grande, e maior ainda se for considerado o guarani, formando-se o tronco tupi-guarani (línguas muito parecidas que formam uma família). Existem povos no Brasil, na Argentina, no Paraguai, na Bolívia, na Colômbia, na Venezuela e na Guiana Francesa que falam línguas dessa família. É preciso lembrar que os próprios indígenas não chamavam sua língua de tupi nem de guarani, mas de *abanhéem* ou *avanhém* (*abá*, ou *avá*, é homem, mas se referindo ao indígena e não ao homem branco; e *nheeng* é língua, falar), o que pode ser traduzido como língua do homem, língua de indígena. Alguns desses povos têm denominações que começam por tupi, como Tupinambá (que significa parente, descendente) ou Tupiniquim (parente dos Tupi), mas outros não têm esse prefixo, como é o caso de Tamoio (avô) e Temiminó (o neto por parte do varão). Repare que sempre procuram identificar seu povo como o original, o primeiro de um lugar. Existem casos, porém, que não são assim, como o do povo Guarani (guerreiro). Alguns casos são contraditórios: Carijó pode ser descendente de anciãos, mas também descendente de brancos.

Uu

UAUÁ – Vaga-lume. Nome de uma cidade localizada em uma das regiões mais secas do Brasil: o Raso da Catarina, no norte da Bahia.

UBÁ – Canoa. Nome da cidade mineira onde nasceu Ary Barroso, compositor da música "Aquarela do Brasil", que, no exterior, muita gente pensava ser o "hino nacional" brasileiro.

UBAJARA (ou **ubirajara**) – O senhor das flechas. Mas pode ser também o senhor das canoas. Nome de uma serra e de uma cidade no Ceará.

UBATUBA – Muitas canoas. Durante a Guerra dos Tamoios, havia uma grande concentração de canoas onde é hoje a cidade de Ubatuba, no litoral norte de São Paulo, prontas para atacar os portugueses e seus aliados.

UBERABA – Água brilhante, rio brilhante. Nome de uma cidade em Minas Gerais.

UBIRAJARA – Nome de um romance de José de Alencar. O mesmo que *ubajara*.

UBIRATÃ – Madeira dura. Espécie de árvore. Também pode ser nome próprio. O mesmo que *guarantã*.

UIRAPURU – Ave voraz, ou ave enfeitada.

TODOS SE CALAM QUANDO ELE CANTA

O uirapuru é uma espécie de ave rara da Amazônia. Seu canto é tão maravilhoso que todas as aves da mata silenciam quando ele canta. Como diz a música "Uirapuru", de Jacobina e Murilo Latini: "Tudo se cala para ouvir sua canção". Na mitologia tupi, o uirapuru é relacionado à Lua (Jacy), criadora e protetora dos animais. Para os povos Tupi, o uirapuru é um deus, uma espécie de "rei" das aves.

UMBU (ou **imbu**) – Vem de *i-mbu-u* (que possui água), não por causa do fruto, mas porque suas raízes retêm água. Espécie de árvore natural do sertão nordestino e da Caatinga. Tem um fruto gostoso, suculento.

UMUARAMA – Terra dos companheiros. Nome de uma cidade no Paraná.

UNA – Preto. Nome de uma cidade baiana. Aparece na composição de várias palavras, inclusive em nomes de cidade. Por exemplo: Ibiúna (SP) significa terra preta; Itabuna (BA) é pedra preta; Itaperuna (RJ) é laje preta; Paraibuna (SP) é rio preto; e Uiraúna (PB) é ave preta, o mesmo que graúna.

URU – Cesto. Aparece na composição de várias palavras, como urupema (cesto chato, é um tipo de peneira) e bauru (cesto de frutas).

URUBU – Ave grande e preta. Mas pode ter outros significados: o que exala fedor ou ave preta e voraz.

No Ceará, há uma cidade chamada Uruburetama (pátria dos urubus, região dos urubus). Em São Paulo há uma ilha e um morro que se chamam Urubuqueçaba (ninho de urubu). Há também um conjunto de hidrelétricas no Rio Paraná chamado Urubupungá (ruído de urubus, grasnados de urubus).

URUCU (ou **urucum**) – Vermelhão, planta que produz vermelhão. Espécie de planta de cujo fruto se extrai o colorau, usado na culinária brasileira para "dar cor" à comida.

URUCU – Abelha grande. Espécie de abelha avermelhada que não tem ferrão. Alguns povos indígenas chamavam a galinha e o galo de uruçu. Nesse caso, a palavra seria derivada de *uirá* (ave) e *açu* (grande). Uruçuí é uma abelha parecida com a uruçu, mas de cor amarelada e pequena. Pode ser também rio da abelha-uruçu. No Piauí há uma serra e uma cidade chamadas Uruçuí.

URUCUBACA – Palavra usada como sinônimo de má sorte, ziquizira. No início do século XX, houve um surto de gripe que matou muita gente no Brasil, era a chamada "gripe espanhola", e foi aí que se popularizou a palavra urucubaca, que alguns acham ser derivada de urubu, ave considerada agourenta. Há, porém, quem diga que vem de *ucucu* (vermelhão) e *baca* (virar ou torcer).

URUCUIA – Vaso para ave beber água. Nome de um rio, no noroeste de Minas Gerais, afluente do Rio São Francisco.

URUGUAI – Rio dos caracóis.

JÁ FOI BRASIL

A primeira cidade fundada por europeus no Uruguai foi Colônia do Sacramento, e os fundadores foram os portugueses. Houve muitas disputas entre portugueses e espanhóis para dominar a área, conhecida como "Banda Oriental", porque fica ao leste do Rio Uruguai. As disputas continuaram depois da independência da Argentina e do Brasil. Os dois países disputavam a posse do Uruguai, que foi ocupado por tropas brasileiras em 1817 e, no início do Império, continuou como parte do Brasil. Em 1827, os brasileiros foram expulsos por uruguaios e argentinos. Em 1828, o Uruguai tornou-se um país independente. Uma curiosidade: nos mapas antigos, para localizar certos lugares do Uruguai, apareciam montes numerados, na margem do Rio da Prata. No monte de número 6 havia uma povoação, e estava lá, em algarismos romanos: MONTE VI DE O, quer dizer, monte 6 a oeste. Assim passou a ser o nome da capital uruguaia, Montevideo, que em português virou Montevidéu.

URUPÊ – Cesto chato. Espécie de cogumelo que cresce na madeira e parece um pequeno cesto achatado, também conhecido como orelha-de-pau. Muita gente acredita que os sacis nascem dentro dos gomos de um bambu grande chamado taquaruçu e, depois de viver 77 anos, não morrem, viram urupê.

URUPEMA – Cesto chato ou cesto anguloso. Tipo de peneira usada para escorrer açaí, leite de coco etc. Nome de uma cidade catarinense.

URUTU – Que morde aos botes. Espécie de cobra com até 2 metros de comprimento, muito venenosa. Dizem que sua picada, "quando não mata, aleija". É também chamada de urutu-cruzeiro, porque tem uma cruz na cabeça. Em certas regiões, quando uma pessoa é muito chata, é chamada de urutu.

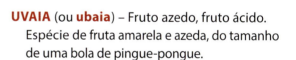

UVAIA (ou **ubaia**) – Fruto azedo, fruto ácido. Espécie de fruta amarela e azeda, do tamanho de uma bola de pingue-pongue.

VACAÍ – Rio da vaca. No Brasil, não existiam vacas antes da chegada dos portugueses. E, como não havia nenhuma palavra no vocabulário tupi para designar esse animal, os indígenas adotaram a palavra portuguesa.

VIATÃ – Flecha dura. Nome próprio.

VOÇOROCA (**vossoroca** ou **boçoroca**) – Terra fendida, terra rasgada. São grandes buracos na terra que parecem rasgaduras, em geral provocados por erosão, enxurrada em áreas sem vegetação. Às vezes o homem acaba com a vegetação de um lugar, e as águas das chuvas vão escavando e levando a terra, criando, aprofundando e alargando esses buracos. Depois de certo tempo, é muito difícil conter a expansão da voçoroca, que é muito prejudicial à agricultura, pois destrói terras cultiváveis, além de contribuir para o assoreamento dos rios.

VOTORANTIM – Ladeira branca. O Rio Sorocaba tem um salto em que as águas se espumam parecendo mesmo uma ladeira branca. Nome de uma cidade paulista.

VOTUPORANGA – Pode ter dois significados: vento, clima (*votu*) agradável (*poranga* significa bonito, mas pode também ser agradável, bom), ou montanha (*ibitu*) bonita (*poranga*). Nome de uma cidade paulista. Na Bahia, existe uma cidade chamada Boturporã, palavra que tem o mesmo significado.

VUPABUÇU – Lagoa grande.

A LAGOA DAS ESMERALDAS

Há uma lenda de que, no século XVI, no norte do atual estado de Minas Gerais (na época sem população branca), havia uma lagoa chamada Vupabuçu, cujo fundo era todo de esmeraldas. O bandeirante Fernão Dias Paes Leme organizou uma grande bandeira, saindo da então Vila de São Paulo de Piratininga, para desbravar a tal lagoa. Fernão Dias ficou conhecido como o "caçador de esmeraldas". Ele achou turmalinas pensando que eram esmeraldas e morreu na expedição. Segundo a lenda indígena sobre Vupabuçu, as esmeraldas do fundo da lagoa eram formadas pelos cabelos verdes da Iara.

XARÁ – O que tem o mesmo nome, homônimo. A palavra é usada também para falar com alguém: "Ô xará, o que você está fazendo?".

XAXIM – Enrugado, coisa emaranhada. Tronco fibroso de algumas espécies muito grandes de samambaia, conhecidas também como samambaiaçu. Cortado em forma de vaso, é usado como suporte para plantas; moído, ele serve como adubo. Repare bem num xaxim: parece mesmo muito emaranhado.

XEXÉU – Fedor. Termo usado também em referência a cabelo desarrumado. Espécie de pássaro muito tagarela, famoso pelo canto muito variado e por sua capacidade de imitar outras aves e até mamíferos. O mesmo que *japi*.

XIBÉ (ou **chibé**) – De *chi* (derivado de *y*, água) e *bé* (doce). Alimento (ou refresco) feito de água com açúcar (ou mel), farinha de mandioca e gotas de limão ou cachaça. Em algumas regiões do Brasil, o termo é usado preconceituosamente em referência aos pobres, pois o xibé seria alimento de quem não

tem condições de comprar comida. Usam também essa palavra para criança barriguinha, aparentando ter barriga-d'água. O mesmo que *jacuba*.

XIMANGO (ou **chimango**) – Caça piolho. Espécie de gavião conhecido como gavião-carrapateiro, pois se alimenta de carrapatos e bernes, além de cupins e até de pequenos lagartos.

XIMANGOS E MARAGATOS

No Rio Grande do Sul, a palavra ximango tem um significado especial em razão das muitas lutas entre duas facções políticas: os federalistas (contrários ao governo estabelecido na época, fim do século XIX) e os liberais (ligados ao poder). Esses liberais chamavam seus inimigos de "maragatos", tentando identificar pejorativamente os revolucionários como estrangeiros, gente vinda de fora para perturbar a ordem, porque os líderes deles estiveram um tempo exilados no Uruguai, numa região habitada por espanhóis vindos de uma região chamada Maragateria. Os maragatos sempre usaram um lenço vermelho no pescoço. Os políticos ligados ao poder, caracterizados por usar no pescoço um lenço branco, eram chamados de ximangos, também em sentido pejorativo, por ser o nome de uma espécie de gavião que come piolho, uma ave de rapina.

XIRIRICA – Água ligeira, corredeira. Acredita-se que o termo tenha origem onomatopaica: seria o barulho da água correndo rapidamente. Em São Paulo, quando alguém queria falar de um lugar distante e atrasado, dizia: "Lá em Xiririca". Mas esse lugar não é inventado. A cidade Eldorado Paulista (onde fica a Caverna do Diabo e muitas outras grutas) antigamente se chamava Xiririca da Serra.

XORORÓ (**xoró**, **chororó** ou **chororão**) – Sussurrante, ruidoso. Riachos com pequenas quedas-d'água. Espécie de pássaro conhecido também como inhambuxororó. O significado é o mesmo de tororó. Em certas regiões do Brasil, o termo xororó é usado como sinônimo de baixinho e também de conversa fiada, lero-lero.

Mouzar Benedito

Mouzar Benedito da Silva é jornalista e geógrafo. Nasceu em Nova Resende (MG), em 23 de novembro de 1946. É o quinto dos dez filhos de um barbeiro e uma dona de casa.

Tem também registro profissional de sociólogo, por ter trabalhado durante mais de cinco anos na área antes da regulamentação da profissão. Atualmente é colunista das revistas *Fórum* e *Revista do Brasil*.

É sócio-fundador da Sociedade dos Observadores de Saci (Sosaci), autor da coleção infantojuvenil Mitologia Brasílica (Saci, Iara, Curupira, Boitatá, Caipora e "Importados – Mula sem Cabeça, Cuca e Lobisomem"), e também dos livros *Anuário do Saci*, *Anuário do Saci e Seus Amigos – Mitologia Brasílica* e *Saci e os Amigos da Natureza*. Fez diversas palestras sobre o assunto.

Participou ativamente da imprensa alternativa – foi um dos fundadores dos jornais *Versus* e *Em Tempo*, colaborou no *Pasquim*, *Brasil Mulher*, *Mulherio*, *Movimento* etc. – e teve também passagens por vários outros jornais, como a *Gazeta de Pinheiros*, *DCI*, *Shopping News*, *Brasil Agora*, *Porantim*, *Juventud* (Montevidéu) etc. Entre empregos fixos e colaborações, são mais de trinta jornais.

Trabalhou ou colaborou também em cerca de trinta revistas, entre elas, o *Guia Rural Abril*, *Globo Rural*, *Almanaque do Globo Rural*, *Teoria & Debate*, *Caminhos da Terra*, *Querida*, *Contigo!*, *Marie Claire*, *Crescer*, *Família Cristã*, *Náutica*, *Brasileiros*, *Carreteiro*, *Ana Maria*, *Ligação*, *Metal* e *Som Sertanejo*.

Na televisão, foi editor regional do Jornal do SBT, em Brasília, e coordenador de rede na TV Record, em São Paulo.

Outros trabalhos de redação, tradução e criação: versão da revista *Mafalda* (com Henfil) e de três peças de teatro e vários livros da Editora Boitempo, inclusive parte da *Enciclopédia Contemporânea da América Latina*; criação de uma peça de teatro; publicação de livretos ou cartilhas autoinstrucionais voltados para movimentos populares e população de baixa escolaridade.

Alguns trabalhos fora da área: dois anos de pesquisa de cultura popular no Brasil (para o Sesc), várias experiências na área de ação comunitária (Sesc, Mobral e Prefeitura de Osasco), direção cultural do Sesc-Pompeia, pesquisa de linguagem com filhos de pescadores em Touros (RN) e redação de cursos de ensino a distância no Senai. Teve também outras ocupações, como a de engraxate, caixeiro, office-boy, calculista, assessor parlamentar, técnico em contabilidade e professor.

Ohi

José Luiz Nogueira Ohi, mais conhecido como Ohi, é jornalista e artista gráfico. Nasceu em 1953, Campo Grande (MS). Estudou e começou a vida profissional em São Paulo. Antes de se tornar jornalista, foi cenógrafo e figurinista. Entrou na Editora Abril em 1974, onde trabalhou na revista *Placar* por oito anos. Também trabalhou nos jornais alternativos da época, entre eles o jornal *Movimento*. Participou da vida sindical, colaborando com o jornal *Unidade do Sindicato dos Jornalistas de São Paulo*. Foi também um dos fundadores da Associação dos Artistas Gráficos e Fotógrafos (AGRAF).

Atualmente trabalha como ilustrador de livros, revistas e jornais.

Em parceria com o jornalista Mouzar Benedito escreveu e ilustrou os livros: *Roendo o Osso, Anuário do Saci, Anuário do Saci e Seus Amigos – Mitologia Brasílica, Saci e os Amigos da Natureza, O Reino da Água* e a coleção Mitologia Brasílica.

No momento desenvolve alguns projetos, entre eles o Batalha de Mitos, o primeiro Trade Card Game (TCG) – jogo de cartas colecionáveis – brasileiro, utilizando os nossos mitos como personagens do jogo.

É um dos fundadores da Sociedade dos Observadores de Saci (Sosaci).

Bibliografia

BENEDITO, Mouzar; OHI. *Anuário do Saci*. São Paulo: Publisher Brasil, 2006.

_____. *Anuário do Saci e Seus Amigos*. São Paulo: Publisher Brasil, 2009.

CÂMARA CASCUDO, Luís da. *Dicionário do Folclore Brasileiro*. São Paulo: Global, 2001.

_____. *Geografia dos Mitos Brasileiros*. São Paulo: Global, 2002.

CHIARADIA, Clóvis. *Dicionário de Palavras Brasileiras de Origem Indígena*. São Paulo: Limiar, 2008.

COUTO DE MAGALHÃES, José Vieira. *O Selvagem*. Belo Horizonte/São Paulo: Itatiaia/Edusp, 1975 (edição comemorativa do centenário da primeira edição).

DI DOMENICO, Hugo. *Léxico Tupi-Português*. Taubaté: Editora da Unitau, 2008.

GUASCH, Antonio; ORTIZ, Diego. *Diccionario Castellano-Guarani y Guarani-Castellano*. Assunção: Cepag, 2008.

INSTITUTO ANTÔNIO HOUAISS. *Dicionário Houaiss da Língua Portuguesa*. Rio de Janeiro: Objetiva, 2009.

NAVARRO, Eduardo de Almeida. *Método Moderno de Tupi Antigo*. São Paulo: Global, 2004.

SAMPAIO, Teodoro. *O Tupi na Geografia Nacional*. São Paulo: Companhia Editora Nacional, 1987.

SILVEIRA BUENO, Francisco. *Vocabulário Tupi-Guarani Português*. São Paulo: Brasilivros, 1998.